◎徽州区旅游委员会 策划◎

WO BA CIKE DE
HUIZHOU
JIGEI NI

我把此刻的徽州寄给你

——徽州区篇

郭倩倩◎编著

合肥工業大學出版社
HEFEI UNIVERSITY OF TECHNOLOGY PRESS

编 委 会

目录

【遇见徽州】

·我把此刻的徽州寄给你·

亲爱的你：

还记得我们曾经和自己有个约定吗？穿起轻便的衣衫，带着激动而又放松的心情，来场说走就走的旅行，不为邂逅那万里美景，不为舒缓生活节奏，只为了我们那个约定。

晨曦中的徽州古村落（富溪）

今夕的约定在哪里呢？有人悄悄对我说："我们一起去徽州吧！"有首诗说出了徽州的心声："春有百花秋有月，夏有凉风冬有雪；若无闲事挂心头，便是人间好时节。"北倚黄山，南接千岛湖，秀美的丰乐河缓缓流过，两千年的时光浸染了这里的一草一木、一砖一瓦。古徽州域名的唯一传承地——黄山市徽州区恰似一幅泼墨山水画，水墨徽州；似一壶芳香四溢的清茶，于宁静中方能品出它的醇香久远、地道本色。烟雨徽州，深深陶醉在梦里乾坤；乡游徽州，体味人间的好时节……

想不想和春天进行一场浪漫而又难忘的约会，牵着她的手一起去花的世界，去那处浓情恬淡的世外桃源？而春天的徽州，既是花的国度，又是花的海洋。阳春三月，春回徽州，花样缤纷。去中国水口园林第一村唐模，看桃花满园，人面相映，赏中街流水之美、品十桥九貌之胜、悟造湖娱亲之孝；全国最大的茶花基地茶花园，一朵朵、一簇簇，满眼都是姹紫嫣红，闻到的都是丝丝清香，或如玫瑰，或如美玉，让人心旷神怡；更有那漫山遍野的金黄，那是田野的味道，那是乡村的味道，更是农人们丰收的希望，来吧，到灵山梯田，品鉴500年前的明代油菜花海，用光影留下历史的印痕和那瞬间的灿烂。

红柿映波添秋色（洽舍）

赏花我们会选在春天去徽州，而览茶园之盛、品茶叶之香我们应该挑一个微蒙蒙的细雨天去徽州。“谷得雨而生”，万物受雨滋养，一片生机盎然。在茶乡徽州，在黄山毛峰原产地的徽州，伴着温柔如水的徽州采茶女，亲手采摘那一片一片的嫩绿，然后摊放、杀青、揉搓、初烘……一套完整的流程下来，那一片一片的嫩绿，就成了水中舞蹈的精灵，在天地之间、在山水之间，参悟着人生百味，这就是“诚招天下客，誉满谢公楼”的徽茶，这就是黄山毛峰。

品茶可以静心，夏季暑气难耐之时，如果能边品茶边置于茂林修竹之地，岂不是甚爽。“六月节，暑热也。”此时的徽州，荷香满地，茂林修竹，清风徐来。在中国风水第一村的呈坎，三街九十九巷，宛若迷宫。永兴湖中，“接天莲叶无穷碧”，荷韵满塘。荷的亭亭玉立，荷的含苞欲放，与那徽州的粉墙黛瓦，相映成趣。行走的瞬间，已荷香满怀，浑然不觉已是 6 月，所以说来到这里已然无悔。

指尖飞舞采茶忙

都说去徽州如果不去西溪南的话，那么你的此行定会有所遗憾，这句话说得很贴切。我们的西溪之南，始建于唐，街依溪行，屋缘街建，亭台楼榭，竹木花卉，两岸夹峙，杨柳成行，依依袅袅，万缕千丝，赤足漫步碧水，挽手共抚垂杨，与至亲至爱，携手漫步西溪南，感受夏日的浪漫与温馨。驾一叶扁舟，穿蓑衣，戴斗笠，安然端坐，观潋滟波光，看迷蒙烟雨，游荡丰乐湖，与鱼儿对话；或与三五好友隐居别具特色的徽派民居德懋堂，清茶果酒，凭栏远眺，临风怀古，怡然出尘，乐居仙境。

夏有避暑山庄，我们游玩徽州其乐无穷。秋天的徽州怎么样呢，我可以悄悄地告诉你，此时来到这里定会把古徽州的静、雅、韵一览无余。“秋分者，阴阳相伴也，故昼夜均而寒暑平”。秋天的徽州，登山而观，硕果累累，五彩斑斓，不是水墨画，而是一幅西洋的油画。黄山第一峰紫霞峰坐落在陶渊明隐居之地潜口，依山就势，错落有致，将明清徽州最有代表性的民居、官宅、牌坊、石桥汇聚一起，房前屋后，枫叶如火，菊花如金，松树青翠，看松鼠跳跃枝头，寻找梅子、柿子、栗子，以作冬粮。徜徉于雕梁画栋的建筑间，恍若走进了500年前古徽州的秋天。

桃花源里人家蜀源，则是一片金黄，向阳花开，叶如蒲扇，花若金盘，高矮相间，茁壮挺拔，阳光般灿烂。沿途的绿道，串起了乡村和田野，租一辆自行车，在满城桂花香里骑行，听着音乐，看着风景，一起去追寻向阳花的梦。

如果想体验一下徽商的生活，看看徽女子的风貌，我希望你选个冬天的季节来这里……“阴极之至，阳气始生，日南至，日短之至，日影长之至。”冬季的徽州，粉墙黛瓦，蓝天白云，年味十足。下雪的时候，则遍野银装素裹，一处处古村落安静地卧在群山环抱中，村口的松柏依然挺立，散落的红梅、黄梅点缀着白雪。热闹的是村庄里的徽州人。过了腊八就是年，无徽不成镇的徽商走遍了天下，难得的就是过年回到家，人们充分地享受着一年中难得的悠闲自在的时光。

“脚踏一盆火，手捧苞芦果，除了皇帝就是我。”在徽州的村口或者人家门口，三五村民坐在一起，提着火篮，晒晒太阳，说说家长里短，吃吃杀猪饭，晒晒火腿肉，煮煮腊八粥，徽州的年就在村民的闲适和邻里关爱中悄然来临，家的味道，徽州的味道就弥漫在了天地之间。

徽乡雪韵——呈坎永兴湖

徽州大地是慷慨的，徽州的物产是丰饶的，徽州的人是勤劳好客的。四季轮回，不同的节气，到徽州都有着不同的体验。漫步徽州，恍若穿越了千年，多少前尘往事，多少繁华旧梦，浸润心田；悠游徽州，又如时光错乱，现代与历史交融，时尚与古朴结合，眼花缭乱；休闲徽州，却又如日出而作日落而息的乡野生活。田间地头，山里山外，花开四季。

来徽州寻梦，来徽州圆梦，徽州四季，乡游徽州。

不管亲爱的你记不记得我们曾经的约定，我相信我们的徽州都会等着你。

【行走徽州】

·徽州区旅游地图·

徽州区位于黄山南麓，皖南盆地中心，地域开阔，四季分明。北与黄山风景区接壤，东距千岛湖40公里，素有“黄山南大门”和“沪杭后花园”的美称。以山地丘陵为主，地势北高南低。丰乐河流贯中部，注入新安江。属亚热带季风气候，年均气温16℃，年降水量1700毫米。

徽州区新貌全景

徽州，古称新安，有2200多年的历史，宋徽宗宣和三年（1121年），改歙州为徽州，辖六县（歙县、黟县、休宁、婺源、绩溪、祁门），明清时徽商称雄中国商界500余年，有“无徽不成镇”“徽商遍天下”之说。到今天“徽州”一名称已有近900年历史。成立于1987年的徽州区是省辖黄山市的中心城区，位于黄山风景区南麓，是古徽州域名的唯一传承地，国家5A级景区古徽州文化旅游区核心区域，徽文化深度体验区，是黄山脚下一颗璀璨的明珠。其国土面积443平方公里，辖4镇3乡共51个村（居）、4个社区，总人口约10万。

徽州区有着深厚的文化资源。徽文化是与藏文化、敦煌文化齐名的中国三大地域文化，博大精深，体系完备。徽州区是古徽商的重要聚居地和徽文化发祥地之一，这里历史上荣登进士者有220名，有“一区五国宝”“一镇六状元”“一村三翰林”的美誉。拥有潜口民宅、呈坎罗东舒祠、呈坎明清古建筑群、西溪南老屋阁及绿绕亭、岩寺新四军军部旧址等5处国家级文物保护单位，拥有6个国家级、省级非物质文化遗产，其中黄山毛峰绿茶制作技艺、徽州竹雕已列入国家级非物质文化遗产项目名录，徽州板凳龙、跳钟馗、上九庙会、徽作家具制作技艺被列入省级非物质文化遗产项目名录。

徽州区有着丰富的旅游资源。拥有国家5A级旅游景区古徽州文化旅游区核心景点唐模、呈坎、潜口民宅3处，丰乐湖、岩寺新四军军部旧址2处国家4A级景区，徽州区文化园、老谢家茶博物馆2处国家3A级景区，还有蜀源、丰乐湖黄山毛峰观光园、竹艺轩3处全国工农业旅游示范点。同时，徽州区还在全省率先启动“徽州绿道”建设，发展绿道旅游。在2012年中国体育旅游博览会上，徽州绿道项目被评为“中国体育旅游精品项目”。

徽州区有着优质的生态环境。境内有新安江重要支流丰乐河，有号称“黄山第一峰”的紫霞峰，全区森林覆盖率达73.35%，水质、空气优良率均为100%，空气负氧离子均值每立方厘米超过2万个，PM 2.5值常年优于国家一级标准（35微克/立方米）。在“第六届长三角投资发展论坛·长三角慢生活旅游峰会”上，徽州区被评为“长三角慢生活旅游名城”，潜口镇被评为“长三角慢生活旅游名镇”。

徽州区有着良好的区位优势。现代国际旅游城市——黄山市已建成和在

水墨徽州

建、拟建有3条高铁、8条高速公路和黄山4D机场。这里距黄山机场20分钟车程；徽杭高速及京台高速安徽段全线贯通，京台高铁2015年通车，高铁黄山北站坐落徽州区境内，大旅游交通网络已全面形成。徽州区是黄山市重要的休闲观光旅游接待基地、工业基地、物流基地、特色农产品生产加工基地，是徽州文化生态保护区、皖南国际文化旅游示范区的核心区域。

徽州区是依据1987年11月国务院批复黄山市成立后而新设立的市辖县级区，现辖4镇3乡分别为岩寺镇、西溪南镇、潜口镇、呈坎镇和洽舍乡、富溪乡、杨村乡。

千百年来，得山水清气，集天地大观，古徽州以文风昌盛、才俊辈出而著称于世。特别是明清之际，徽商崛起，更促进了区域文化的发展。“连科三殿撰，十里四翰林”“父子尚书”“兄弟丞相”“同胞翰林”代相传颂，新安书画、新安医学、徽派篆刻、徽派版画、徽派建筑以及徽戏、徽州文房四宝等等，无不独树一帜、源远流长，形成徽州文化特有的风格和传统，也派生出灿若繁星的人文古迹。时至今日，“徽”字，仍是安徽最大的特点，最有个性的标志；“徽学”，成为具有世界影响的中国三大区域文化之一，与藏学、敦煌学竞相辉映。

·精品线路推荐·

【古徽州文化旅游区深度游】

古徽州文化旅游区位于徽文化发祥地安徽省黄山市，为国家5A级旅游景区，由唐模、潜口民宅、呈坎、徽州古城、牌坊群·鲍家花园5大精品景区

拂晓清风花香浓（灵山明代梯田）

组成，面积9.5平方公里，北依黄山，南接千岛湖。徽州古城是徽州府治所在地，是保存最为完好的中国4大古城之一。牌坊群由明清7座紧紧相连的石坊组成，是中国最大的牌坊群落。鲍家花园有东方园林之母美誉，是中国最大的私家园林。唐模，田园风光优雅别致，法式浪漫风情与徽州古村落丝丝入扣，有中国水口园林第一村的美誉。呈坎，按《易经》八卦风水理论选址布局，诠释了天地万物相生相克的先哲理论，被誉为中国风水第一村。潜口民宅是全国重点文物保护单位，荟萃了明清徽州最经典、最具代表性的徽州民居，被誉为我国明清民间建筑艺术的博物馆。古徽州文化旅游区汇聚了徽州古城、古村落、官署、民居、牌坊、徽派园林和风水文化等古徽州最具代表性的元素，将中华三大地域文化之一的徽文化完美鲜活地呈现于世。

Tips：

一、地点：黄山市徽州区

二、开放时间：8：00—17：00

三、门票：联票220元/人（两日有效），唐模单票80元/人，呈坎单票107元/人，潜口民宅免费，徽州古城116元/人，牌坊群·鲍家花园130元/人

四、交通：屯溪汽车站乘坐专线公交旅2、旅3线即可到达各个景区

☆ 古徽州文化旅游区专线公交2号线

旅游线路：黄山市旅游集散中心—西溪南—潜口游客中心—潜口民宅景区—唐模景区—牌坊群·鲍家花园景区—徽州古城景区

发车时间：上午8：00　9：00　10：00　11：00
　　　　　下午13：00　14：00　15：00　16：00

☆ 古徽州文化旅游区专线公交3号线

旅游线路：黄山市旅游集散中心—西溪南—潜口游客中心—潜口民宅景区—呈坎景区

发车时间：上午8：00　9：00　10：00　11：00
　　　　　下午13：00　14：00　15：00　16：00

【玩转徽州】

·文化徽州——唐模、呈坎、潜口、西溪南·

我与潜口有个约会——潜口民宅篇

总想在漫山蔷薇盛开的日子里背上行囊；总想身着一袭轻装独自出发；总想轻步缓行，深深而沉静地呼吸；总想身体与灵魂一起出发，行走在路上。

清园

明园

此刻的我身在潜口民宅，想要寻找那份专属心灵的宁静，没有刻意的追逐，没有执意的等待，只有蓦然回首的那一抹惊喜。我发现了这里，香气馥郁、滋味醇厚的古老徽州在潜口民宅宛如新生，在此恬淡而又深切地感受那穿越百年却遗失于此的悲戚恋恋之情！潜口民宅，一个让你我一生痴恋的古老徽州传说。

在黄山至屯溪的沿途横亘着专属古老徽州的古建长廊，潜口民宅就如这廊上一位清新素朴的徽州女子，温婉多情却又不失大家气度，因为坐落于紫霞山麓而被赋予一个十分浪漫的名字“紫霞山庄”。山庄并非由古至今长存于此，而是将零星分布在附近的典型的明清两代建筑集中到一起而形成明园、清园，面积达到16000平方米。它们有着让百年前徽州祖辈们的生活历历在目的神秘。不要认为你穿越了，你只是走进了潜口民宅！

风拂柳，花儿颤动着身躯露出娇羞的笑容；我迈着轻盈的步伐，静静沉醉在静谧祥和中，而此时的柳条儿蓦然起舞撩动了自己翠绿的裙摆。看得出神了，不知不觉间潜口民居的山庄门厅明园已出现在我的眼前。三开间门廊，高檐如盖，两只石狮倚势而立，宏伟高大。细细观赏这里的一切，目光无意间落到了两只石狮上，它们不似赵州桥上石狮的千姿百态，不似旁人府邸门前的狮子霸气逼人，更不似动物园中真狮的凶猛威武。两只石狮微偏的头平添了几分可爱，我只将目光凝视，它便好像也深情与我对视，似故人般亲切！叫我不得不遐想百年前的我是否也在此有过诗画般的生活，是否与这石狮每日嬉戏玩耍？

走进明园，阳光不强不弱，照在树上、草上、花上，颜色只是越发斑驳、鲜亮。芳草鲜美，落英缤纷，不觉让人感叹："实乃桃花源也！"轻轻阖上双眼，深深呼吸，在阡陌交通中择一条小径拾级而上。让我不禁惊喜的是一座精致的小桥出现在了眼前。物还是，人已非，岁月沧桑变化，桥两边"荫秀桥"三字却依然清晰可见，一边为阳刻，一边为阴刻。当你初见这座桥的时候，可能会猜测，这是哪位功成名就的徽商出资修建的？实则小桥是由以前尼姑搭建以造福百姓。看到荫秀桥你肯定也会听到两句打趣诗"师太不知何处去，罗汉依旧笑春风"，只因桥两旁护栏砌筑是罗汉板。我痴痴站在桥上，任凭微风拂乱着我的发，只是静静地抚摸着桥上的石板，轻倚在扶栏上，仿佛感到分离在桥两边的痴情女子和远去经商的丈夫依依惜别、难舍难分的伤感。

荫秀桥

石牌坊

走下小桥，我想如果你和我一样，只是一个人来到这里，不妨让我们一起数数走过的石阶，不为数出一个数字，只为平静些许浮躁的内心，只为将自己融进世外的桃花源中。87、88、89，当我数到这里时，惊喜地发现一簇簇嫩黄嫩黄的迎春花毫无保留地披洒在右手边的围墙上，一朵朵、无数朵，只是呈现着同样的绽放姿态，吹响着春天的号角，更是欢迎着远道而来的故人！轻踏着历经岁月洗礼的石阶，不知是多少勤劳智慧的徽州祖辈们将它们踩磨得如此光亮，石阶的交叠回环处看到一面牌坊。

来到徽州不看牌坊就如没有到达一样，我所见过的牌坊也不在少数，只是它有着些许的不同：以图代字，雕刻着一个龇牙咧嘴的鬼，手里拿着一支生花妙笔，脚上托着一只方形大斗，表现出一个“魁”，意思是希望家族子孙中多出文魁星，去蟾宫折桂，入仕做官、光宗耀祖，其用心可谓良苦。牌坊上双狮戏球、大鹏展翅飞翔等石刻也是精美绝伦、技艺精湛，给我们一种既深沉老成又清新活泼之感，甚是有趣。

拾级而上是一座木制的亭子“善化亭”，亭子本身构造并没有许多特别之处，反而是亭子上的对联让我感触良多，至今引以为座右铭：“走不完的路程，停一停，从容步出”；“急不来的心事，想一想，暂且丢开”。其中的文化与哲理让我顿时对于古代徽商繁荣和鼎盛的缘由豁然开朗，不禁感叹这是怎样的气度与修养。走过这里时，慢下你的脚步，别急着转身，读一读、思一思这对联再继续前行，可能风光只在瞬间却已然不同！

“观皇宫去北京，看民宅到潜口”。当我缓步穿梭在潜口民宅中时，不论是专供汪氏家族德高望重的老人娱乐和商议大事的乐善堂还是器宇轩昂的曹门厅，都显现着浓厚的封建等级及风水文化。当我想走进这堂中或厅中时，只觉门槛怎会这样高，原来这高高的门槛便是地位身份的象征。气派的仪门、抱鼓石、门廊前依次排开的八根粗大的廊柱可谓气势恢宏，甚至可与宫廷建筑相媲美。此时于我不禁啧啧称赞，几百年前必定金碧辉煌，人人皆赞叹！

园中各厅堂里时常可见一些卖字画、工艺品、土特产、小玩意的村民，也有些许民间艺术家在现场即兴表演、创作。如果你来了，应该会有幸看到成仁堂里正在雕刻的竹雕艺人，这里陈列着各种精美的竹雕、象牙雕和木雕等艺术品，同时也展览着《竹林七贤》等故宫博物院藏品的图片，是徽州的竹雕大师、非物质文化遗产传承人洪建华的作品。每一件作品都是一幅景，一幅栩栩如生而又快乐的景，仔细看每个人物都是镂空雕刻，给人以立体鲜活的感觉，甚至表情也都十分清晰。与大师聊聊天，临走时大师送了一本竹雕画册，甚是精美！

亲爱的人，此时此刻的你，不知是怎样的心境，走在这意境悠远的径间花下，小径幽长，不妨抬起头来，悄悄看看那盛开的玉兰花。这样烂漫的花朵开遍整条小径，在你不经意间片片花瓣落在手心，向你述说着百年来叶舒花落，花叶永不见的凄婉爱情。聆听这样的“故事”，踏着青苔痕迹斑驳的石板，找一点些许光滑的地面坐下，仔细回忆，仔细斟酌……路幽静，物有情，只为这个地方。

方观田宅

如果你来了，你肯定能发现各个民宅门前那一株株翠绿耸然的茶树中隐约分布着些许的雪白，不要误以为那是阳春日里未融化的白雪，不要想象那是面庞白皙透亮的花中仙子，这只是一朵朵嵌在绿叶间的白茶花，朵朵花儿开到荼蘼，那份干净和纯洁仿佛只需看上一眼便能消去无限烦恼。即使是普通的家居住宅也定会让你眼前一亮。亲爱的人，当你踩上由一块块鹅卵石铺就的小径，看到满园关不住的红色紫薇花是否也会心中窃喜，没有原因，只是释然，只是愉悦。当你看到这些时，你已然来到"方观田宅"，看到这样一座徽州普通农民住宅时，住宅小而精致，四面相围形成的天井总是给人以四水归堂的殷切的希望与向上的力量。屋柱与柱础之间加一个木踬，具有防潮、防腐、防震功能。柱间空当及墙壁都用芦苇墙隔断，几百年过去了，它们仍"如胶似漆"，让你控制不住想要上前触碰一下，仿佛眼前的都不是真的。如果你来了，让我们一起来感叹徽州祖辈们的智慧！

潜口民宅之秋

压一压帽檐，理一理背包，继续寻找百年前的回忆，石门上已经锈迹斑驳的门钉，沉重古老的门锁，不知曾经锁住过多少人的青涩旧梦；雕龙画栋的横梁、窗体，门房上方笔触细腻的壁上画作，不知承载了多少祈求平安、家族兴旺的夙愿；幽暗木制的阁楼、长而悠远的美人靠，不知多少待字闺中的女子望断秋水，尝尽相思之苦……

一座座宁静的古民居，只是静静地伫立，等待着每一个前来的故人。汪善后代吴建华宅、商人住宅方文泰宅，抑或说中等家庭苏雪痕宅等皆是四周外墙不开窗户，都有着一个或几个高高的天井，不仅解决了通风采光的需要，同时“肥水不流外人田”的聚财思想也得以体现。当跨进门的那一刻，不知你会不会也觉得有些奇怪但又不知道奇怪在哪里，仔细观察会发现这些民宅与其他地方不同，它的大门和墙有个夹角，就是说大门是斜开的，这是讲求驱邪避鬼的风水的结果。如果你不抬起头来看这些出生在古时的建筑，你肯定将错失太多，这里最精美的地方便是你抬起头的那一瞬间所发现的精彩，透雕、镂空雕和高浮雕而形成的花、鸟、鱼图案只在瞬间便刻在了心中，难以抹去。如果你来了，细细观察便会发现种种优美的物件向你描述着何谓“大家闺秀”，站在美人靠、遮羞窗等旁边，轻轻阖上双眼，你是否也见到一位面盘清秀却眉头紧锁的女子正眺望远方，轻声叹息呢？

转角处梨花开得正盛，花儿飘零、落英缤纷，铺满整个地面，刚置身其下，便有些许花儿点缀在红妆之上，精致而美妙，好似希望同故人一同游玩，俏皮至极！

亲爱的人，随性迈着步子吧！

走出潜口民宅，在这条以绿道为链、各点为珠的“项链”上确实有着太多让你我着迷沉醉的美。一座古塔，一座丰碑，一团革命之火都会映起我们心中那个典雅而又凝重的徽州！

【编后语】

走走停停，抬头望望天，环顾周边的古老建筑，自己的心跳仿佛都变得平和了许多，生活的步调都不再急促，工作、生活的重重压力都已释然，只是觉得呼吸是这样的顺畅还伴着点点花香……

Tips：

一、地点：黄山市徽州区潜口镇潜口村

二、开放时间：8：00—17：00

三、门票及讲解费用：门票免费，讲解费120元/次

四、交通：屯溪汽车站—岩寺—潜口镇—潜口民宅景区

时光雕刻的风情——唐模篇

人生有梦梦圆徽州，天地有情情定唐模。

小桥流水在青石路间划下了一条条悠长的银河，粉墙黛瓦在绿水河边留下了一排排庄严的肖像，忠孝爱义在时光徜徉里写下了一曲曲美妙的赞歌，这是徽州的幻影，更是唐模的风情。她们或娇小可爱，或风情万种，或端庄优雅，她们不排斥任何人，她们只想给我们提供一个放松、一个学习的场所。

不管你相不相信，唐模的风景不在风景中，唐模本身就是一幅画、一处景、一种文化。

骑行唐模

沙堤亭

远眺唐模，400 多栋房屋临溪而建，十余座青石板小桥、水坝横跨溪水两岸，街道市井错落有致，杏旗标榜迎风飘扬，唐模建筑风格堪称皖南民居的典范。40 余米长的避雨长廊腾在村落中心地带，杂货店、粮店、油坊、社庙一应俱全，廊内临河还设有“美人靠”（英雄靠），供人们歇息聊天。

近赏避雨长廊，漫步休闲社庙，一个步伐，一个触摸，都仿佛回到了盛唐华宋年代。黄梅戏、茶道、小私塾、民俗表演、老作坊工艺展示都让人感受到了唐模人文深厚的积淀和古老文明的魅力，此时的我们会有一种穿越的感受，仿佛我们不是台下的观众，不是来踏游的爱好者，我们此刻成了戏中人、画中景，因为处身在时光的隧道里我们会忘了我们是现代的我们。庙内设有一大戏台，站在台下，我们可以任意想象舞台上的精彩绝伦；驻足院内，我们可以看着斑驳的白墙黛瓦感知当年村子的鼎盛气势！踏过门槛，我们可以感受“沙堤”之境。

古时候唐模有许多人在外经商、为官，衣锦还乡之时，村人在亭前路上铺上一层黄沙，以示欢迎，名“沙堤”。村中还有一条青石铺成的古戏坦，平时经常上演跳钟馗、柳翠娘马跳财神、蚌壳舞、傩舞等地方戏，这些更为古村披上了一层古朴和神秘的面纱。离开村庄时，踏着脚下的石板道，抬头望亭，便见“云路”二字，寄托从此将平步青云、步步高升的美好愿望。沙堤亭独特的造型可谓举世无双，全国原样仅此一座。

走进人家，我们会被许氏家族的忠君、忠主、兴盛所震撼。“地以人名显、人以地增辉”，汪华、许远是唐模大姓汪、许氏族的祖先，也是族人引以为豪的唐朝“英模”，汪、许两姓为了同遵唐祖，以祖先为楷模，立“唐模”村名为祖宗树碑，纪念先贤，歌功颂德。唐模村落大抵都是同姓家族聚居形成，而祠堂就成了维系家族凝聚力的重要载体。许氏，在唐模算是一个大姓家族，无论是在官场还是商场都涌现许多知名人士。许远是大名鼎鼎的唐朝忠烈王，在与安禄山之子安庆绪一战中屡败叛军，虽城破后仅存400余人，但古来忠节惨烈者，莫如此战。而“一门三翰林，父子九登科”“同胞翰林坊”更是许氏家族的荣耀，其建于清康熙年间，是康熙皇帝为表彰唐模许氏家族的许承宣和许承家两兄弟而恩准建造的。他们分别于康熙十五年和二十四年考中进士，被康熙皇帝钦点为翰林。他们的忠不是愚忠，他们有血有肉有内涵。整座牌坊几乎布满了精美的石雕，石柱之间刻有梅花，取“梅花香自苦寒来”的意思，表示同胞兄弟二人十年寒窗苦读考中进士的艰辛。

同胞翰林牌坊

小西湖春色

走街串巷仿佛置身于徽州特设的游戏冒险之中，一会儿激动，一会儿镇静，一会儿活泼，一会儿凝重。当我还在对刚才的游戏回味时，眼前大片丽景却把我从梦幻的世界中拉了回来。

“水光潋滟晴方好，山色空蒙雨亦奇”。西湖美景不仅属于西湖，它还属于徽州，属于唐模。

如果说古时忠君思想铸造了唐模，尽孝则成就了名闻遐迩的檀干园。相传清代初期，唐模许氏有一位商人在杭州经商，他的母亲很想游览西湖，但苦于山高路远、年老体弱未能成行。于是这位孝子不惜巨资在村边挖塘成湖，垒坝成堤，叠石栽花……模拟西湖景致，建造此园，供其母亲颐养天年，并报答乡邻相助之恩。这里也是许氏义塾，用作后裔子孙接受学习教育的场所，走近时我们隐约可以听到里边清脆悦耳的读书声，走进去会发现小小村童正在摇头晃脑地背着或现代或古代的书籍，他们稚嫩的吟诵声会拉近我们与古代私塾的距离，会让我们情不自禁地跟着他们的节奏朗诵起来。“坎坎伐檀兮，弃之河之干兮”给我们的檀干园留下了美名。“三潭印月”“湖心亭”“白堤”“玉带桥”等给我们的“小西湖”留下了一笔笔不可磨灭的印记。“玉带桥”“小瀛洲”（镜亭），三塘相连，宽亘10亩，灌田60亩，把“三十六典”巧妙地隐喻其中。

镜亭是全园的中心，亭柱有楹联曰：“春桃露春浓，荷云夏净，桂风秋馥，梅雪冬妍，地僻历俱忘，四序且凭花事告；看紫霞西耸，飞布东横，天马南驰，灵金北倚，山深人不觉，全村同在画中居。”亭内四壁用大理石建筑，上嵌历代名家书法长刻石 18 块。当中 6 石较短，石质细腻，石刻精美，铁画银钩，龙蛇隐壁，气势恢宏。一室之内竟珍藏历代书法大家世擘之精品如此之多，简直像一个书法珍品的博物馆。

檀干园边还有一株古老的槐树，这是爱情的见证。老槐树，树影斑驳，庄重严肃；老槐树，有情有义，可爱可敬。她在《天仙配》中“媒树开口促姻缘”，也是见证千年爱情的守护神，她以她温暖的身躯保护着董永和七仙女的爱情。

唐模槐荫树

老槐树有情，而唐模的千年银杏树更是有义。这棵已有 1300 余年的银杏树，历经沧桑，青春依旧，在金秋时节硕果累累，即使在寒冷的冬天，那金黄的叶子仍在风中起舞，似乎在酝酿着另一个肃杀的秋。她扇形的银杏叶散发着古老而又神秘的清香，宛若尘世中的一缕清香，为浮躁的现代爱情添上一分永恒的深沉，她以她清幽的心灵捍卫着那象征着纯情之情的白果树。这棵树对唐模更有着特殊的意义。在公元6世纪的唐朝，被徽州人称为汪王的越国公汪华定居在绩溪，后来他的后裔汪思立从绩溪迁到这里，成为唐模的始祖。在入住唐模前看中了两处地方，一处是沙堤亭那一片，另一处便是这里。他一时决定不了在哪儿居住，于是，便在这两处各栽一棵银杏树定址。后来，这棵活了，另一棵却死了，之后他便定居在这边。这便是银杏树的坚韧、沉着、纯情之情的花语体现。

【编后语】

忠义、孝道造就的文化似汪洋的花海，既活力青春又延绵不绝。青石板铺成的巷道似七夕的鹊桥，既典雅宁静又充满爱意。秀景石刻营造的檀干西湖似人间的仙子，既美丽大方又饱含诗韵。

这就是我认识的唐模，她有情，走进她的怀抱我开心满足；她有内涵，来到她身边我如沐春风。我想把我认识的唐模介绍给你，我想让你一起领略她的不同之处，不知道你愿不愿意走进她的世界？作为朋友，我很欢迎你的到来。

Tips：

一、地点：黄山市徽州区潜口镇唐模村

二、开放时间：8：00—18：00

三、门票及讲解费用：门票80元/人，讲解费用30元/次

四、交通：屯溪汽车站—岩寺—潜口镇—唐模景区

那一抹动人的色彩——呈坎篇

印象中的呈坎，一座洗净铅华的古镇，宁静幽远，苍劲神秘。触动斑驳石墙，轻踏青石古道，或踱在古朴静谧的古巷里，或打量灰墙岁月的余痕，我们走走停停，享受着另一种美。历史的沧桑和岁月冲刷洗净古村当年的繁盛，留下沉寂的苦涩，却也加深古镇的厚重和积淀，变得苍劲拙朴。如同饮着苦茶，初始口腔充溢着辛辣的苦涩，吞咽下肚，不稍片刻，惊奇发现舌尖的香甜，意外所获，情感上便感到欣喜。

呈坎古村落——小桥流水

古村落的风水

呈坎的神秘与易经八卦之学有着深厚的渊源。可以说，古老的易经八卦之学在呈坎得到了完美的诠释。游览呈坎，如同翻开一卷厚重的易经八卦大典。

纵观呈坎，开篇是一片涟漪荡漾的碧溪，溪水宽阔充盈，清澈见底。众河由村北向村南“S”形穿村而过，村中8条街巷把村庄分割成大小8块，形成一个完整的九宫八卦图。盖地仰曰“呈”，洼下曰“坎”，整个村落按《易经》“阴（坎）、阳（呈）二气统一，天人合一”的八卦风水理论进行布局，背山临水，有着迷宫一般的神秘格局。我们呈坎八卦村，它是目前中国唯一发现的按先天来布局的千年古村落。呈坎特定的古村落文化肌理布局，造就了呈坎1800年来的人丁兴旺、人才辈出。呈坎的自然环境和田园风光十分优美，它“山形交错，水色清澄，人情庞实，伦理端严，有田可耕，有水可渔，脉祖黄山，五星朝拱，可开百世不迁之族”的徽州风水宝地。

呈坎天然八卦

呈坎，从水口进村，即过坎之意，水口神兽的下面有一道门坎，这道门坎上有三条鱼共拥一个鱼头，意为和谐有鱼（余）；鱼的两边有云纹，云纹在古代是与龙并提的，它是一种地位的象征，在古代唯有皇家可独自享用，所以在这里，这道门槛的等级在古代是很高的。当我们跨过此坎的时候便形成“四方有鱼（财）”也就是“四方有财”的意思，从而达到了呈坎过坎，则一生无坎的意境。类如此景的风水文化在呈坎的每处景致上均有运用，建筑构造的讲究与自然山川形成的巧妙碰撞、人文八卦与天然八卦的巧妙布局，使徽州呈坎成为中国古村落建设史上风水模式村落的典范。

在呈坎村，不仅可以感受到传统意蕴里的风水故事，更能感受到它所呈现出来的徽州伦理。

燕翼堂古宅

徽州人的礼让

行走在石板铺成的小巷，两侧都有细长规整的明渠，清荡激石，涓涓而流，在两侧土石之间，栽植着一些柔嫩的水草，构成极具自然野趣的溪流。溪流之上每隔几米就会有一块多出来的石块平铺在绕宅水渠上，这个小石块称作“谦让石”，用以在人多时，给有需要的行人让路，体现出徽州人谦让有礼的精神风貌。绕宅水渠上的谦让石，毫无雕饰，亦不显眼，却承载着一代代呈坎人谦让有理的节操。

在呈坎的众多宅院中，有家很特别，因方位与路冲，这家主人主动削圆了自家墙角，用来方便路人行走，但保留了上半部和地基，上不让天，下不让地，中间让人，体现了他为人豁达，同时又坚守自己原则的处事之道。

贞靖罗东舒先生祠

徽州三雕

徽州的风水人情、道德伦理和徽州特有的古建筑有着极大的渊源。而在古徽州以“三雕”最为著名，分别是：砖雕、木雕、石雕。沿着水口往前来到五房厅，在我们眼前的就是徽州砖雕的前身——泥塑雕，也就是房屋外部门罩上的装饰。泥塑雕制作工艺复杂，对工匠的技术水平要求极高，并且对原材料的选择也很苛刻，打捏成形后放到窑中烧制，在加热的过程中随时有可能发生断裂，所以对火候的掌握也很严格。泥塑雕在当时可谓“十件难成一件”。这上面大多运用了牡丹及莲花的造型。牡丹象征富贵，莲花象征圣洁，比喻高雅、富足，出淤泥而不染。踏着花岗条铺成的石板路，来到著名的“扬州八怪”之一“鬼怪”罗聘的祖宅。这幢民宅取名“燕翼堂”，共有两进三层，建于明代初期，距今有600年历史。建筑技艺高超体现在房檐上有一个“人”字造型，这是明代初期徽州建筑的特征之一“人字墙”，它体现出徽州祖先期盼家族人丁兴旺的美好寄托。而且整幢房屋的外部墙壁十分坚固，毫无裂痕，没有一块木头露在外面，尽管岁月风化，但仍旧屹立沧桑。房屋三面有水圳包围，唯有后部没有水圳，因为徽州人十分讲究水不背流的房屋风水。大门的设计也很特别，外部是石砖，里面是木头，再用铁钉固定；门后还有铁栓，用两根粗壮的木高，既能防火，又能防盗。

众多建筑中，最有名气的要数罗东舒祠了。罗东舒祠，原名贞靖罗东舒先生祠，是纪念罗氏第十三世祖罗东舒的宗族祠堂，是现存祠堂中规模最大、设计及雕刻均最出色的建筑，于1996年被列为全国重点文物保护单位。祠堂的头门为棂星门，五开间六根石柱，牌坊式木制黑栅栏，上有朝天吼、哮天犬、圃鸡兽三种吉祥动物，用来庇佑罗氏子孙平安，寄寓生生不息之吉意。过棂星门左右靠墙各设一个碑亭，亭内有碑文，刻有祠堂记和考工记。二道门为仪门，包括三道门，其中中门平时不打开，只有罗氏家族祭祖或议大事或者来贵客时才大开中门，而且是辈分高者走中门，其次走两边，十分讲究。罗东舒祠规模宏大，巍峨雄壮，伫立在祠堂门前，便被它宏伟的气势所折服。

正门几扇精美绝伦的木门，高近 10 米，接近 3 层楼高。其大厅可容纳千人，气势磅礴，可真是“高门大户”，这么宽阔的场地，中间却只有一二十根高大粗壮的圆柱撑立，显得空荡霸气，人在厅内大声说话，竟能余音袅袅，久久回荡。

宝纶阁

从罗东舒祠往后走就是宝纶阁了，宝纶阁是安徽省迄今为止被保留的明代彩画及祠堂最完整的一组家庙建筑，明万历年间，罗氏政绩显赫，常得皇帝御赐书籍和珍品，收藏于此，故取名宝纶阁。

抬头看向横梁，宝纶阁精美俏丽的木雕，巧夺天工，图案种类之多，雕刻之精，花样之繁，令人惊叹。

宝纶阁前有棵痒痒树，树干金黄光滑，轻轻一摸，树梢便喜得乱颤，如一位妙龄少女，俏皮又含羞……

静立在天井中央，望着那一方规规矩矩的天空，屏住呼吸，世界仿佛都停止了，人与环境融为一体，沉浸在这美好的安谧里。阁楼上恍然间飘荡着小姐丫鬟们闹腾的欢笑声，而这银铃般的笑声，随着世事的变迁、岁月的沉淀，渐渐消散，散向远方。只留下耳畔吹来细密的风，像个孩子，调皮地轻绕发丝。

院子的角落有一直径约 30 厘米的方形板块，俗称“归屋”。归屋本是徽州人用来蓄水的水池，因怕砂石堵塞，内放只乌龟，借乌龟的爬行疏通水道。徽州女人后把乌龟倒念龟乌，归屋，希望自己的男人早日回家。

大家或走或停在呈坎的每一处角落里，风水八卦给我们留下了神奇诡秘的想象，祠堂巷道在我们身上烙下了文化伦理的印记。我们此行或平静或赞叹，或神游或畅想。

【编后语】

袅雨拖风不自持，全身无力向人垂，玉纤折得遥相赠，便似观音手里时。江波碧，柳户清明。参天的古木有着遮天蔽日的绿荫，阳光从树影间零星般地散落下来，在树隙间调皮地跳耀。时值盛夏，满溪开着大朵大朵粉红、洁白的荷花，在密密层层、重重叠叠、丰盈翠绿的荷叶映衬下显得高贵优雅，充满质感。浓浓淡淡的莲香，忽远忽近，沁人心脾。疾风一过，连绵的绿荷像跌宕的浪头，此起彼伏，有着激进的美丽，煞是好看。如此媚人丽景，美妙如临仙境，清新如涉瑶池。这艳丽绝美的景致，将夏天的锦绣诠释得淋漓尽致。

呈坎，在这座独一无二的古村落里，你会找到一种宁静、悠然、古朴、睿智与温和敦厚的儒家精神，身后的文化底蕴，迷人的自然风光，可口的特色小吃，一切一切都令人流连忘返。一种充斥内心的感动油然而生，这种感动源于对呈坎古代人民建筑智慧的惊叹，对岁月流逝的无奈，对人间温情的留恋和眷顾。

呈坎，如一位临河而坐的少女，等待您抛开喧嚣繁杂的生活，来体会她的静谧与美好！

Tips：

一、地点：黄山市徽州区呈坎镇呈坎村

二、开放时间：7：30—18：00

三、门票及讲解费用：门票107元/人，讲解费用30元/次

四、交通：屯溪汽车站—岩寺—呈坎镇—呈坎景区

深闺碧玉谁家愿——西溪南篇

春风吹醒了花仙子、河中神，春色却柔醉了踏游者、世中人。

曾想过以手触摸调皮可爱而又安静的溪水，曾想过驾一叶扁舟置身于高山环湖之中，曾想过拄着拐杖一级一级地爬上山峰之巅，曾想过穿着洁白的婚纱在那片幽林深处留下我的倩影，曾想过一辈子生活在山林湖泊之中与世无争。

丰溪翠屏

此刻我来到了我所想的境地——如一块碧玉般镶嵌在古朴村落中的杨树林，林里淳淳的水流让生长在北方极少见水的我很是欢喜，而这片杨树林便是温柔如玉西溪南的天然湿地，走进去似是迷潭，左拐右绕便是另一片桃花源圣地。林里云雾缭绕时会给我们一种探险而又充满好奇惊悚的感觉，似乎一个不小心便会踏入万丈深渊，不过，来游玩的我们不是更应该喜欢这种“山重水复疑无路，柳暗花明又一村”的感觉吗？置身林中我们更是树林里的小精灵，沿着青河畔看此地、览对面的风景别有一番风味，或踩着老树的根伸出我们那蠢蠢欲动的手掌在柔软的风河中轻轻划过，清凉的河水流过剔透的指尖，透出丝丝的凉意，虽是春暖花开的季节，这隐藏在树林中的河流却甚是凉爽。穿行河林时看到的不仅是杨树，不只是湖泊，还有云烟缭绕、天然屏地——西溪南湿地。那静静的古桥架在其中，啾啾的鸟鸣响彻山谷、清新的空气迎面扑朔，似乎我们的一举一动在这片杨树林里都是被动的，只因为我们彻底地被它征服了。望前方，砖红色的古桥仿佛一条经岁月洗礼的红毯铺展于青山绿水之间，迎接着远道而来的游客。竖耳朵，啾啾的鸟鸣在上演一段段余音绕梁，洗去我们的浮世铅华。仰望天空，阳光透过绿叶留下斑驳的身影，空气中透出的丝丝光线将飞舞的微尘暴露在眼前，让“鸟鸣山更幽”的自然领我们走进心旷神怡的境地。

甜蜜事业

停留片刻，便去拜访隐藏在这片神秘帷幕后西溪南的另一处风景了。走进它我们会发现其实它是农家的居所、养生的圣地。在这里我们可以抛却世俗的烦恼去赏赏油菜花、榨榨花籽油，去农家园里陪着农主养养蚕、种种蔬菜或浇浇肥或喂喂鸡、逗逗鸭，也可以去天然果园摘摘果子，品尝大自然的味道。漫山遍野的黄花不只是蜜蜂的天堂，还是我们的领地。

当然来到这里我们也是走进了文化的殿堂，吴氏希德公就本村的八处景点撰写了《溪南吴氏八景记》：祖祠乔木、梅溪草堂、南山翠屏、东畴绿绕、清溪涵月、西陇藏云、竹坞凤鸣、山源春涨。这八景也就是我们西溪南的“丰溪八景”，这八景绘成了八景图册，现藏于上海博物馆。对于《金瓶梅》我想大家都不陌生，而西溪南也是《金瓶梅》中男主人翁西门庆的故里，这里有西门庆衣食住行，这里也有《金瓶梅》的缩影。其中根据景点的文化历史背景和现状情况，设景区 4 个：老屋阁景区、《金瓶梅》故事景区、水街景区、丰溪景区。

老屋阁

☆ 老屋阁景区：主要景点包括老屋阁、绿绕亭、渔翁塘。老屋阁位于西溪南村，是一幢占地340平方米的明代早期民宅，为二层砖木结构楼房，从外形上看，正面是水平高墙，大门上有水磨砖砌成的门罩，不事雕琢，与铁皮包的厚实大门相协调，显得庄重古朴，侧面是错落的山墙与院墙，倒影入池，幽深静雅。绿绕亭紧靠老屋阁，亭名取王安石“一水护田将绿绕”的诗意。亭梁枋上刻有题铭：“景泰七年岁次丙子十一月十八日甲申吉辰重建绿绕亭，以便休憩，吴斯和乐建。”南有清溪环绕，北有荷池相映，休憩观赏两相宜。

☆《金瓶梅》故事景区：主要景点包括“西门庆”前花园（葫芦门）、后花园（果园），园中有多景：仙人洞、观花台、石塔岩、牡丹台、仙人桥、芭蕉台、十八间、野径园、旗杆坦、麻将巷、花山。

☆ 水街景区：主要景点为明清民宅、古银杏树、水系布局。

☆ 丰溪景区：沿溪景点包括明清民宅、古桂花树、小桥流水、楠木厅石栏杆坦、红庙、雷埸坝、杨树林。

这里是西溪南文化的印记，也是西溪南风采的展现，这些景点我没有全部去过，但是我去过的却无遗憾。

走进距今已有400多年历史的果园，我有点失望，因为我想看看盛世果园是何面貌，我想在主人不在时偷偷地把果子塞入嘴中，然而这里已是荒草丛生。还好在一个角落里我发现了一棵野枇杷树，让我有种偷来的快乐。我又很欣赏这里有趣的故事。这果园原名“十二楼”，是西溪南七世盐商吴天行的后花园。吴天行号称“百妾主人”，这个园子是专供其妻妾游玩的。原占地4000多平方米，现仅存1/3。吴天行有百妾，却膝下无子，所以每当他看到园中果树开花结果，便感叹道：“我这十二楼的果树都开花结果了，俺一百个老婆竞相开花，就是结不出果来，俺是雁声远过溪南去，十二楼中月不明。唉，春风不归十二楼，俺不叫十二楼了，就叫果园吧！”其实我们去每一处胜地或多或少都会有些许失望，我们心中构造的完美画面却是如此景象，但我们每游完一处景时却又恋恋不舍地回头看它一眼，我想这就是每处景的魅力所在，我想我们此地的游行也就无悔了。

带着对果园似想逃又留恋的心情，我随着一行人走进了老屋阁。我静静地看着她，她也默默地看着我，我知道她是想向我诉说她的历史、她的现在。她说人们也叫她老屋角，她说她没有典型徽派民居的马头墙、高大门楼和精雕细刻，她只想把自己最真实的一面呈现给大家。她说她是徽派建筑的组成部分，她有着如北方四合院民居，又似北方窑洞住宅的大门。我听着听着她就迫不及待地拉着我的手进入她的世界了。前进楼下明间为门厅，后进楼下明间为客厅。大门位于中轴线上，天井下中央有石板砌成的水池。住宅正面为水平形高墙，大门用铁皮包镶并建有水磨砖砌成的门罩，厚实庄重，不事雕琢。楼上厅堂宽敞，沿天井四周有一圈齐整的栏板，雕有精美的飞禽走兽和花朵，还设有带扶手的“飞来椅”。楼上房壁均以芦苇编篱，表面敷泥及石灰，紧密牢固。

轻轻抹去扶手上的灰尘，带上虔诚的心，静听这个古老的使者，讲述着流淌的历史，未经开发，被岁月打磨的原始面貌让我十分敬畏，仿佛目睹一位老者沧桑的面庞。是怎样一种泰然，可以承载这么厚重的历史；是怎样一种淡泊，可以无谓这样变迁的凡尘？

不知不觉，夜幕也已拉下，望着远处斜下的夕阳，挥别西天的云彩，我们也将奔赴下一段旅程。

【编后语】

你若问我此行最大的收获是什么？我可能会迟疑，是那绿荫下斑驳的光影，是那充满酸甜可口的野枇杷，还是那静默伫立的老屋阁上一抹细腻的灰尘……我不清楚，我也不想弄清楚，因为我知道我能来到这里就是我最大的收获。我也希望当别人问你游玩后的收获是什么时，你会给他们一个浅浅的微笑。

Tips：

一、地点：黄山市徽州区西溪南镇西溪南村

二、开放时间：西溪南古村落景区正在建设中，暂时不适合团队游玩，自驾和散客可以去观光。

三、交通：屯溪汽车站—西溪南镇—西溪南村

·红色徽州——岩寺古镇、新四军军部、文峰塔·

古镇幽情带给我们的感动——岩寺

无数次想象着伫立于小桥流水，无数次想象着醉卧酒楼人家，无数次想象着自己是古巷古桥的淡淡女子，无数次想象着梦回战场只为寻找那一个个雄姿英发的战神。当梦中的一切呈现在眼前时，却又真实得让人难以相信。

世人多知周庄乌镇之美，多知宏村西递之秀，却鲜有人知道，在古徽州这样一片神奇的土地上还一直孕育着这样一个鲜为人知的地方——岩寺。岩寺为千年古镇，历为皖南重镇，也是皖南山区最大的盆地之一，其位于丰乐河畔，素有“黄山南大门”之称。这里历史悠久、地理优越、文风昌盛、人才辈出，是徽文化的重要发源地之一。

今天我们来到的地方就是岩寺古镇了，如果只是随便看看，也许半天工夫都不要就能逛完整个镇子，但若要仔细探寻了解一番，那还真需要细细品味。整个岩寺古镇景区分为 7 个特色景点：历史老街、百工坊、美食街、养生街、红色之旅、丰乐河、颍溪河。

走进岩寺，伴着温暖的阳光，踏入古镇的门槛，迈着轻轻的步伐，腾上青石铸成的板块，甚是悠闲。桥下溪流潺潺，桥上游人过客。远远看去，整个小镇如泼墨般朴素淡雅，上空薄烟轻袅，添上一层神秘。小桥，流水，人家；古道，西风，瘦马，岩寺完美地诠释了一首诗里的画。

岩寺古镇

岩寺是个有着千年历史的古镇，历史上这里已经形成了由上街、下街、前街、后街、上（下）渡街（桥）组成的一个十里长街的商贸重镇。现在的这段岩寺老街为中街，长约 300 米，保持着清末、民国时期的“前店后坊”的传统商业街巷空间格局。在业态的打造上，整条街徽风古韵犹存，恢复明清时期十里长街的繁华景象，整条街现有徽州传统的砖木楼阁建筑 60 余幢，是一个以传统文化技艺和徽州文化为特色的传统商业街区。

沿着河畔，感受着略有微凉的清风，有着一种恰到好处的舒适。当我们走在养育岩寺这个古镇的丰乐河边时，我们会在心里想象着她是多么的伟大、多么的无私。作为一条从古代流淌至今的长河，她是生命之源，她滋润了我们多少代徽州人。她是运河之道，她承载了一条条古船至东南西北。她是红色之江，在这里新四军铁娘子洗补了多少士兵的布衣、洗清了多少战士的伤口。当然，她又似一道银河，将河岸两边的乡土情、游客情、士兵情由一座座石拱桥架接起来。晚上远距离、近距离欣赏她时，我们都会陶醉的，因为此时她既安静又活泼。起风时坐在河沿边观察河里的流水，此时的河水如手舞足蹈的女子变换着千姿百态的舞姿在舞台中央曼舞，甚是陶醉。如果沿着微光灯火的河岸，踩着一层层台阶，或上或下，也甚是有趣。

把满满的阳光装进背包，脚踏古桥流水，走进岩寺人家。穿过那一弯古桥，便看到那一扇扇棕褐色老门，有着锈迹斑斑的拉环。青黛色的瓦砾，古朴的白墙。发迹斑白的暮年老者蹲坐在门旁，小猫懒懒地蜷缩在老人的脚边。衬着暖暖的阳光，一切都显得那么和谐、美好。那种温情的质朴，有着心灵最好的归宿。我们就这样静默地走着，生怕惊动了这一幕的祥和与宁静。在不经意地转身时，瞥见了一家老小在门前的老石台吃着午饭，初冬的暖阳仿佛把每个人的脸上都洒满了金华。

岩寺老街

我微笑着，心生温暖。这里的古镇人家没有闹市的喧嚣、纷争。总有那么几处隐约响起了悠扬的徽州戏曲，使人的思绪飘向了远方……

在古镇的中央有一块很大的空地，徽戏楼便也是这里。站在台下空地，闭上双眼，静静地想象着当年戏子们身着戏袍，精致的妆容，悠婉的曲调。台上唱出了“霸王别姬”的悲戚故事。徽调在口，身段轻盈，台上演绎的精彩，台下叫好的热闹。老少爷们坐在长凳上，桌子上放着用简陋碟子装着的小点心，边吃边看，说说笑笑。

岩寺古戏台——叠罗汉

暮色降临，小镇却更热闹起来。灯笼高挂，酒旗飘拂，十里长街一片亮红。颍河无波，灯影绰约，微风散起，碎了那一波光华。街上的人群熙熙攘攘，偶尔你还能听到当地的居民用那仿佛隔世的方言在交谈，听着神秘生涩却不失淳朴亲切。在大红灯笼的映衬下，一切都那么喜气洋洋。此刻仿佛你穿越了时光隧道，回到了那个古老的年代。心中的那份淡然与安然，用一种连心灵都会被纯化的方式来感受着浓浓的古镇风情。

回忆中的峥嵘岁月——新四军军部

初冬下的古镇，有着一种近乎神秘的氛围。洪桥，建于明朝，是一座三孔石桥，桥上置廊，横跨颖溪河，据地方志记载，洪桥原是一座木桥，后来被洪水冲垮，就改建成了石桥。在桥的北面，丰乐河水与颖溪河水汇合，每当发洪水的时候，颖溪河水涨得较快，丰乐河水涨得较慢，当丰乐河水洪峰到时，颖溪河水就会倒涨，这时站在桥上看洪水，独具一景，故名洪桥。该桥为明代成化五年（1469 年）郑荣彦所建造。1938 年 4 月，南方八省红军游击队在岩寺集结，桥东头的小屋时为新四军机要科，桥西岸的小屋名叫“香积”，抗日战争期间为新四军发报台，叶挺、项英经常在此与群众促膝谈心，陈毅曾在这里与百姓下棋。

进士第牌坊

穿过这一座古老的洪桥，你便会看到一扇壮观的进士第门，一脚踏入这座进士第门，仿佛自己由现代就进入了古代。明代正德进士郑佐于1516年修建了“进士第”，主房历史上被烧毁，仅存仿木结构砖砌“进士第”门坊山墙，通宽9米，现有高度5.85米，四柱三间。枋和匾全用青砖砌筑，图案精美，有鲤鱼、狮子、凤凰等。正间匾额由5块大方砖拼成，刻有“进士第”“大明正德丙子岁孟科吉旦”“甲戌进士郑佐立”等文字，是研究明代古建雕刻技艺的珍贵标本。仔细观望，有些斑斑点点土石脱落的痕迹，似乎在诉说着那些古老而悠久的风雨经历。

穿过进士第，便是新四军军部。走进它有一种让人置身于浓郁的“江南小延安”的氛围：丰乐河从镇边潺潺流过，那清澈见底的河水，当年曾饮过叶挺将军的战马；河畔上文峰塔巍然耸立，塔旁的凤山台上，当年曾呐喊出新四军将士们抗战到底的誓言。那条青石板铺筑的古镇长街，当年曾迎来四面八方前来投戎的青年男女；那座苍老的石拱桥“洪桥”的桥头小屋“香积”里，每时每刻似乎还在传出当年机要电台的收发报的“嘀嘀”声。

新四军的纪念馆，据新四军的不同阶段发展划分为6个展厅，分别为：序厅、岩寺集结、誓师东进、军民情深、抗日烽火、铁军传承。在工作人员的一一介绍下，我们好像重回了当年的经历。那些所留下来的枪支，历史留下的记事手迹，墙壁上挂着的当年的黑白老照片，突然让我想起电影《岁月神偷》里的一句话：“时间，是最大的小偷。”时间虽是神偷，但时间孕育出的人间情却飘洒世间。我们现在所在的就是纪念馆的序厅，序厅的雕塑展示的是“七七”事变以后，抗日战争全面爆发，南方8省14个地区的红军游击队汇集成抗日铁流，向岩寺集结，在岩寺整编、誓师的壮阔场景。

从滑动屏中我们可以了解新四军军部在不同时期、不同地点驻扎的情况。1937年10月，中共皖赣特委发表《告皖赣同胞书》，祁浮中心县委书记江天辉代表特委与国民党四省边区“绥靖”主任代表、瑶里行动队队长张甫成在祁门舍会山谈判达成协议。舍会山协议达成了以下几个共识：一是国民党当局停止向游击队进攻，撤退在根据地周围的一切驻军；准许游击队派人联络

岩寺新四军军部旧址纪念馆

各地红军人员；红军人员过境应通行无阻。二是国民党当局解除“移民并村”的封锁，恢复群众生产自由。三是释放一切政治犯。四是红军游击队停止打土豪，停止对当局的敌对行动，全部给养可以自由购买。第二年 3 月，军长叶挺到了皖南屯溪，会见国民党第三战区司令长官顾祝同，商议新四军部队行军路线、集中驻地等事宜。

在那个年代，军民一家亲，团结一致共同抵制外来侵略。其中的一个展厅里采用立体成像的科技向我们展现了当年的那幅温情的画面。那质朴的亲切问候，那门前的一口老井，那皮肤黝黑的老农像极了油画里的《父亲》。最不能忘的是赵奶奶望着一个年轻的士兵感叹着：“多好的娃啊！要是没有战争该有多好。”当村民送别队伍时有满头白发的老父拍着儿子说着：“同志，这是我的儿子，我把他交给你了。让他也为咱们国家做点贡献。”听着这些朴实的话语，不禁有些心酸。也许这一刻，你再也不会觉得战争离你太过遥远。

怀着沉重而略有激动的复杂心情，感受着战争年代的经历，不知不觉中我们走出了纪念馆。

百年古塔　悠悠文峰——文峰塔

走出岩寺古镇，似乎又回到了现代，恢复了我们的自由不羁的青春活力。想象着骑着单车，与心爱的人一起行驶在绿道上，为眼前的感动而停留，为偶遇的惊喜而欢唱。车轮缓缓滚动，抬头仰望，文峰豪迈。远远望去的时候，会让人觉得文峰塔隐约是在这座城市里出现的海市蜃楼。一座高塔屹立于高楼建筑之中，有些孤独却也有着一种慑人的气魄。

文峰塔又称水口塔，是我们岩寺的标志性建筑，也是新四军军部纪念馆非常重要的旧址之一，当年新四军就是在文峰塔下的点将台接受点验的。它在历史上是由里人郑佐倡导建造，距今已经有500多年的历史了。关于建塔的理由，也有一番说法。咱们徽州人向来视水为财，而郑佐觉得丰乐河水顺流东去，有失岩寺风水，所以在郑佐的倡导下，岩寺众位富人在明嘉靖二十三年，也就是公元1544年出资捐建了这座文峰塔，以保镇水聚财。

文峰塔外观构造精美，塔身有七层八面，底径8米，高67米，曾被誉为是徽州最高的塔。登文峰塔，远可眺黄山烟云，近可瞰古镇全貌。在塔的建筑构造上，也独具特色，为了避免塔身被雨水侵蚀，塔身逐层内收，底层塔檐外伸1.5米，向上逐层加长，到第七层延伸出3米。据说这种做法是避免各层塔体被积水剥蚀，既保坚固，又利观瞻，成为徽州古塔之奇构。

当我们一步步靠近，抬头仰望塔顶，突然有些感伤。塔顶之处生长着杂草，错乱而枯败。塔身裂迹斑斑，有的土石已经脱落。它像是一位暮年老人经历着百般风雨，却仍然屹立于云端之中，原原本本地向人们诉说着那些古老的故事。当你用心去欣赏文峰塔的古筑时，甚至会让你有一种眩晕的威逼感。

文峰塔

相传郑佐为文峰塔的建造花费了很多心血，从设计到建成总共花费了15年，耗资4万多两白银。塔顶原是一个葫芦宝瓶，为了铸造这个塔顶，他参考了南京报恩塔、绍兴大禅寺塔以及泗州塔等多处图形，可惜在1914年塔顶因遭雷击而毁。它的现有高度是54.45米。在塔周围我们还可以看到有不少古树参天耸立，与古塔交相辉映，古韵悠悠，生机勃勃，成为古徽新城的标志和象征。

文峰塔旁边是被誉为“点将台”的凤山台，也是在郑佐的倡导下建造的，它与塔同时所建，是衬托塔景的装饰性建筑。文峰塔和凤山台不仅仅是历史文物还是革命文物，当年新四军来到我们岩寺集结的时候，就是在文峰塔下接受国民党点验的。当时军长叶挺还身穿军服，手执拐杖登上凤山台陪同国民党点验官点验部队检阅官兵。从那以后，凤山台就被当地人称为“点将台”。

塔身周围的历史建筑除了凤山台之外，塔西还曾有一座佘公桥。佘公桥又名新桥。明嘉靖十五年（公元1536年）由里人佘文义独资建造，比文峰宝塔早建8年，可惜该桥毁于1969年7月5日特大洪水。

纵观整个文峰塔景区，建造理由极具传奇色彩。据说当年的倡建人郑双溪以为丰乐河水顺流东去，有失岩寺之风水，宜以文峰塔为笔、佘公桥为墨，以田畴为纸（一说以长坦山为纸）、凤山台为砚，象征本镇水口之高雅，以镇风水，企盼岩寺镇文运昌盛，人才辈出。而事实上在我们徽州历史上，也确实出了不少贤才，仁人志士，徽学、徽商的杰出英才数不胜数，这也是徽州被誉为“诗书之乡，礼仪之邦”的由来所在。

点将台阅兵

【编后语】

梦里执子之手，途中相依相伴，敛你半世癫狂，慰你半世冰霜。只为与你一生一世天长地久。漫步古镇，梦回千年。只要我们在一起，不管终点在哪里；只要我们有梦想，青春永远在路上。

Tips：

一、地点：黄山市徽州区岩寺镇

二、开放时间：8：30—17：00

三、门票及讲解费用：新四军军部旧址景区门票免费，讲解费100元/次

四、交通：屯溪汽车站—岩寺镇—岩寺老街

·休闲徽州——徽州绿道、徽州农舍·

都市人的近山亲水长廊——徽州绿道

淡淡的时光，静谧的午后。边城的美好安逸，丽江的古老传奇，你都可以在这里找到。——徽州，时光缓慢流淌的净土。

如果你也喜欢踩自行车，喜欢穿梭于田园之中，喜欢头发丝被风撩起的感觉，那么是时候背上行囊、戴好头盔、踩上踏板，于晴朗春日在“徽州绿道”上骑行了。徽州绿道是2012年黄山市徽州区开始谋划的徽州休闲旅游线道，起于徽州区潜口转盘，止于坤沙转盘，结合“潜蜀旅游公路”拓宽改造项目实施。它是黄山市乃至全安徽省的第一条绿道！徽州绿道沿乡村、河滨、溪谷、山脊、景区、景点而建设，其中包含了人行步道、自行车道、自驾车道和驿站。这条绿道将景区、景点、公园、古村落、农家乐串点成线，连线成片，把徽州区的生态优势转化成旅游资源优势，形成了一个“慢生活”休闲旅游系统。黄山市委宣传部制作的大型纪录片《新安江》也曾来到这里取景拍摄，只见天空中的航拍器灯光闪烁，地面上的人群，有青春活力的中学生，有意气风发的青年人，有稳重务实的中年人，他们像群快乐的鸟儿骑着绿道自行车飞奔在徽州大地上，成为路边一道绿色的风景线。

自行车道是塑胶材质，在上面骑行，摩擦力恰到好处，流畅、平稳又踏实。

根据路段不同，路面除砖红色外还有天蓝色、淡紫色等不同色彩的沥青

徽州绿道　快乐骑行

浇筑，骑行过程中道路的颜色变化会令人眼前一亮，顿时能解除对周围环境的审美疲劳。路面上每隔一段距离都画有非机动车标志，在提示车道功能的同时，也让骑行者感到自己正享受着专属礼遇。

驿站，是绿道的旅游服务区，不仅有停车场、自行车出租维护点、旅游商店、特色小吃店和客栈等设施，还布局着赏心悦目的绿色景观。

背着背包，踏上单车骑行，一路上几个人说说笑笑，温柔的风将头发吹起，干净，舒服，像极了我们此刻的心情。乘着自由的翅膀，任意放肆的青春，面朝朝阳，在乡村绿道一路上播撒阳光。也像极了我们现在的思绪，或雄浑壮丽的海洋风光，或冷峻奇特的高山姿色，或漂流灵动的大江画卷，或温柔秀美的湖泊风景……绿道骑行畅游是一种青春姿态的招展，嫩绿色的单车彰显着最为本色的生命光耀。绿色倡导的是一种向上的希望和现今生活的低碳环保。在如今城市化的年代，人们愈发怀念那些农家的淳朴风情了。

在翼峰公园的自行车驿站取下自行车。一踏上自行车，就有一种想放声大叫的冲动。沿着潜蜀绿道前进，有一下没一下地蹬着脚踏车，此刻没有工作中的紧迫，有的只是闲适的快乐，放松的惬意。车轮转啊转，沿途的空气都化身为风，一股一股，都是甜的。上坡，下坡，微风拂去额上闪闪的汗珠，留下丝丝清凉。骑行在这样的路上，有种无法描绘的心情，只想感叹一句，啊！在这种心情下，即使迎面碰上你的仇人，都会先不顾一切地爱上他一会儿吧。

徽州通灵古道觅清幽

沿着绿道，环绕灵山、唐模和呈坎骑行，途中，遇到了一大片向日葵，明亮耀眼的黄花在碧绿的草地上跳跃，编织成美丽的绒毯。沿着盘旋的公路而上，远处，成片的毛竹翩翩起舞，连成碧绿竹海。

行进在黄山南麓崇山峻岭，道路可谓是“九曲十八弯”，不仅适合骑行，更是自驾游黄金线。在西溪南向太阳仰望，向您微笑——向日葵；水杨林湿地，你可以“赤足漫步碧水，挽手共扶垂杨”；在徽州文化园，你可以感受到“徽景若绣图，人在画中居”；在春日，泛舟丰乐湖，你将进入“春水碧于天，画船听雨眠”的意境。

【编后语】

呼啸在热情奔放的徽州绿道，我们会感觉到田园风光野趣不断，历史遗迹怀古感念，喧哗与宁静配合得天衣无缝，真的是相得益彰。这里只是为你献上一片青春的热土，为你奉上一条洋溢的生命长廊。

Tips：

一、办理地点：黄山市徽州区潜口镇翼峰公园和岩寺镇新四军军部旧址游客中心

二、自行车租赁收费标准：1小时30元、2小时50元、3小时60元、4小时80元，全天（按8小时）120元

三、推荐线路：潜口高速出口—翼峰驿站绿道旅游服务中心—潜蜀公路—坤沙驿站—徽州农舍（宿）—唐模景区（游）—蜀源至灵山绿道—灵山水街（游）—呈坎景区（游）—紫霞农家美食一条街—潜口民宅（游）—迎宾大道—新四军军部旧址纪念馆（游）—徽州文化园（游、宿）—茶花园（游）—西溪南湿地—丰乐湖

回归本我的新生——徽州农舍

沿着曲折蜿蜒、干净僻静的盘山公路，穿梭在苍松翠林之中，对沿途的美景还未尽兴之时便已抵达了徽州的农家乐驿站。

这里的农舍统一装修、统一接待、统一宣传、统一经营。通过农家乐的传统特色“住农家屋、吃农家饭、干农家活、享农家乐”来满足游客的对徽州文化的如饥似渴的需求；既能让游客感受到黄山自然的绿色、优美的环境、良好的生态，又能让游客真正享受到“山上看风景、山下品文化”的旅游特色和乐趣，使游客完全置身于绿色天然环境之中——“晚上必有狗吠、凌晨自然鸡鸣”，给游客一个非同一般的旅游感觉。

徽州农舍　洽舍乡长潭村

徽州农舍改建的动人之处不仅在于对其原有文化、生活方式、建筑特点和文明的尊重，那些附着在旧居民里的故事本身就值得人细细品味，让人打开心扉，放下包袱，在这里做一个与往日不同的自己，过一种真正安逸的生活。

走进装修改良后的农舍，目光立刻便被农夫散落在地上的甘笋吸引，自编的竹盘上晒着散发香甜气息的山芋，竹撑上挂着一片片切成环形的南瓜片，翻着油亮光泽的萝卜丝，感受到的是徽州原生态无污染的绿色气息。

在这里，你可以与农人一起下地干活，品尝来自蔬菜基地的纯天然绿色食品，抓鱼、洗菜，真正过一次田园式生活。农舍的窗子朝向远山，早晨醒来，推开窗子，就可以看见青山碧水，呼吸一口新鲜空气，你会发现生活是多么的美好。

画里山居

热情的主人把我们引上阁楼，房间分标准间和家庭间两种，布局略有变化，变的是家庭间一张床稍大、一张床稍小，标准间两张一样，不变的是厚实油亮的木地板、整洁柔软的床铺、崭新的节能空调、大屏挂壁式液晶彩电，还有墙面装饰的精美绝伦的木雕。透过大窗向外看，一片片生机勃勃的绿色竹海，从中隐隐透出的潺潺流水的丰乐湖，不远处的农舍升起袅袅炊烟，飘散来一阵阵饭香，甚是惬意。

每年腊月，村民都会做美味可口的杀猪饭。如果你愿意，可以在此地花上几十元领养只白胖的小猪，如果你没有时间，可以给农户一些定金，让他帮您养，等到过年，再来此地，与农户一起用最简单的方式，用最新鲜的天然食材做自己喜欢的杀猪饭，体验热闹欢快的节日气息。

农家乐另设水果采摘、毛峰炒制（徽州是毛峰的主要产地），篝火晚会、丰乐湖漂流、休闲垂钓、徽娘厨艺比赛等项目，想象自己置身于美丽的山水田园之中，用最原始的方式，品尝自己所钓的新鲜的原汁原味的棒头鱼，与众人一起篝火畅饮，是不是 high 翻天呢！

【编后语】

这是放松的游行，这是自由的游行，这是心的向往。

亲爱的人儿，我希望在这古镇遇见你。骑着自行车，穿梭于粉墙黛瓦的古镇，看古朴的牌楼，看远山碧水，看云卷云舒。

Tips：

一、地点：黄山市徽州区潜口镇蜀源村

二、咨询电话：18010807626

三、住宿费用：标间 120 元，三人间 160 元

四、交通：屯溪汽车站—岩寺镇—潜口镇—蜀源村—徽州农舍

·生态徽州——丰乐湖、灵山、蜀源、茶花园·

遇见你，注定一生铭记——丰乐湖篇

清晨的阳光如婴儿一般幼稚天真，阵阵的清风如薄纱一样细腻醉人，旅程的心情如湖水一般似波浪起伏又安静平和。

在向往着、感受着目的地的一切时，我有一种预感，与丰乐湖的相遇必定是一场美丽的邂逅！

丰乐湖畔人家

车子徐徐地行进在徽州这片秀气宁静而又古老朴实的土地上，道路两旁，粉墙黛瓦的徽派建筑在柔和的阳光里儒雅而稳重，迎着车窗向后倒退仿佛是打开的书本，镌刻着徽州记忆的黑白长卷。

到达目的地，我的思绪从几百年前蓦然回到现实。如果说沿途的景色述说了徽州的古色古韵，那么眼前的景象则展示了徽州的钟灵毓秀。湖水清澈碧绿，宛若斜插在秀女发髻上的翡翠玉簪，流淌在清幽空灵的山谷之中。草木袅袅动人，仿似婷婷舞女舞裙上的翠竹绿带，旋转在灵空炫美的舞台之上。这就是丰乐湖。她高峡出平湖，形成华东地区最高、可观光游览的人工水库景区，上游如高山峡谷，重峦叠嶂、波光轻盈，绿水如碧，下游则渔歌帆影、极具生活气息，乘坐帆船，于丰乐湖中，蜿蜒行游于黄山东部峡谷之中，有三峡之俊秀、千岛湖之清丽、西湖之妩媚、洞庭之烟波，被誉为“黄山天池”。丰乐湖犹如一颗祖母绿镶嵌在黄山群峰之中，为黄山作为自然、文化双遗产平添上神奇色彩！

置身于天地之间时才发现清冽的风温柔地拂过我的双颊，连呼吸都顿时变得清晰、轻松，我情不自禁张开了双臂想将这群山秀水拥入怀中。丰乐湖的上游，这里，湖水映着青山，山峦掩着峡谷，苍山翠树，层峦叠嶂。这里没有城市的喧嚣，没有生活的琐碎，有的只是一颗赞美和简单的心。乘船于湖中，小舟摇摆着前进，两岸隐约出现了青瓦的农舍，此时渔歌帆影，一派隐世的生活气息，此刻我犹如一个思绪波动多情儿，站在船头深情地看着自然与情人的亲昵。

行至下游，水面更加开阔，四周烟波浩渺，波光轻盈。山和水、天空和人家，此刻各有各的个性，却又相生相容，不觉产生“这样才对”的念头。湖中的岛屿众多，高低错落，形态各异，我们完全可以发挥想象，想象着，想象着，这些湖中岛屿就悄悄地成了心里的那个模样。我可以歪着头瞧，也可以从船头跑到船尾看，我为自己的这个发现暗暗欢喜了好一会儿。当然，有心的人们早就赋予了它们特殊的意义，形成了“丰乐十景”，比如长潭问茶、关公义岛、车门画镜、独钓溪潭、露伴荷花、龙舌生津、幽居龙盘、容成仙台、金牛沐浴和醉倚湖心等，每一处都别具匠心，仔细揣摩，让人不经意间陶醉于“人入画图里，仙升明镜中”的意境之中。

丰乐湖仙境

其中水上游览，乘游船在丰乐湖上浏览自然山水，听黄梅小调，途中可上岛观光民俗表演舞草龙，在幽居龙盘岛祈福，很是放松。垂钓中心，游客亲手捕捞肉嫩味美的鱼虾湖鲜，可带回家也可交景区给予加工，很是温馨。祈福，幽居龙盘岛有一棵千年古树，人称“蟠龙古树”，非常神秘，无论从哪个角度观看，它都像一条张牙舞爪想要腾飞的蛟龙。游客可以在此上香祈福、许愿；也可进行农家生活体验：采摘季节果品、亲手采摘和炒制黄山毛峰。

在湖上我们开始不安于静静地欣赏这里的风光美景，于是相互嬉戏，像孩子一样玩起水来，笑声在山水之间回荡开来，我听到了每一个发自内心的欢快，不矫揉，不造作。水珠落到我的身上，突然有一种甜蜜的情怀，这初夏的湖水温柔地亲吻了我的额头、我的手指！

离开小舟，我们上了岸。岸上的我好像原本就属于这里，我不知道要与这里告别，我不知道我是这片土地的一个过客，我只知道在这短短时光里的我真的很快乐，这将是我回忆里一抹清新诱人的幸福！

【编后语】

这是一片青山绿水下的悠然自得！

这是一份逃离俗世的心旷神怡！

这是一曲绝美的自然与人间的离骚！

亲爱的你，我要再度告诉你今天我遇见一个叫丰乐湖的神奇之境，而明天的我依然会因今天而心跳加速！

Tips：

一、地点：黄山市徽州区呈坎镇

二、开放时间：8：00—17：00

三、门票：55 元（含船费）

四、交通：屯溪汽车站—岩寺镇—呈坎镇—丰乐湖景区

这一方净土——灵山篇

这一方净土，来一次便终生无憾。

盘旋蜿蜒的山路上，吹着明净的山风，聆听着“灵山十八弯，代代出高官”的故事。眺望远处不知名的山头，大片大片的毛竹林飒飒起舞，连成一片海。层层叠叠的梯田油菜花漫溯在山峦与翠树间，形成道道青翠欲滴的虹桥。道旁高耸的崖壁上，爬山虎顽强的生命力充分昭示着“徽骆驼”精神。

灵山春天的约会

灵山天上水街

稍稍停下脚步，迎着云霞绽放的方向，站在路边堆砌的青石板路栏旁，听潺潺流水声，看玲珑瀑布在山谷处若隐若现。初夏时节，稍显湍急的水流为静谧的山间带来了一组跳跃的音符，显得格外动人心弦。远望瀑布仿佛真的看透了一切的烟雾缭绕，看穿了悬瀑、深潭、石房、石笋、茂林修竹、怪石飞泉。这一刻内心真的很明净。

踏着不甚平坦的青石板路继续前行，一丛茶树映入眼帘，新生的嫩芽羞涩地蜷缩着，在相邻的团团绒绒似满天星花苞的映衬下，显得愈发娇嫩，微微颤抖中似在向游人诉说着古老徽州茶道的精妙。

正在冥想之间，一阵水声拉回了跑远的思绪，古朴雅致的灵山水街古建筑群伫立在眼前。进入主殿，顶棚栩栩如生的象鼻雕刻使我惊叹，推开格子窗棂，精致的雕花飞檐吸引了我的目光，历经风霜，这些艺术杰作在岁月中沉淀，魅力更甚从前。扶着楼梯上了二楼，更为宽敞的视野却显得气氛甚为寂寥。我融入其中，只觉得这里锁着一个华美却寂寞的梦。春之灿烂，秋之花殇，在这里都似无度虚华，足迹都已找寻不见。曾经的一切，略过无痕，空留几许惆怅在此刻我这游人的心头。

思绪已不知飘至何处，却在同伴的示意下来至桥洞下，循着方向站起身，在视线不经意间眺见一座牌坊，巍巍矗立在不甚高大的徽派建筑间，显得突兀却也说不出的和谐。走近它，牌坊最高处竖雕楷书“恩荣”，中间横雕楷书“翰苑”，苍劲有力，刻于其上。四周是威风凛凛的石狮雕刻，竟有数十只之多。于牌坊处远望，青瓦白墙，苍山翠竹，“竹海映人家”的景象怕是此生难忘了。

走进灵山，我游思颇多，路过村庄，我用心感受。

村落里，午后悠闲的大叔正带着大黄狗散步，他们身后升起的袅袅炊烟，随处可见的水帘、竹篱笆，交织成此刻徽州最真实的景象。

走街串巷，我开始想象以前每年农历六月二十四日的庙会，想象着人们用木板搭于水上做生意的场景。我们也找到了那口曾经养活了半个村子人口的古井，时至今日，井水依然清澈见底，掬起一捧，触手生凉，在这样的夏日里带给我们一抹别样的沁凉。走在这奇幻的灵山古水街上，我心似早已飘到泛舟作沽、吆喝叫卖的水城之中。

穿过一条曲里拐弯的窄小深巷，那条长长的青石古板铺成的虚虚实实的水街竟逃到了我的眼中，她很典雅，静静地躺在那里，似一位娇羞的美人儿；她又很灵动，随着行人的步伐一起一伏，似江河里的温柔波浪。青石板间石壁悬空，石壁之下小河流淌，流水河旁阶梯层起用以捣衣洗米，甚是世中的一抹奇景。

沿着水街一直走到半山腰回身俯视，大半个村子尽收眼底。此时的感受真的像朱国平先生对天上人间灵山村描写的一样：“灵山梯田隐现在萧萧之影中，阳光穿透竹林，竹影婆娑，摇曳生姿，似有素手轻拢慢捻，韵味无穷。行走在山道上，仿佛置身一条绿色的巷道之中；走上山坡，则豁然开朗，大片的绿色铺满山坞。层叠的梯田，静静地躺在山坳之中，山林深处，青瓦粉墙的天上人家，在竹海深处若隐若现。”

毛竹是灵山的土特产品之一。这里的竹子既是一种自然风光，又是一种

古村灵山——竹山云海地杰人灵

文化产业。灵山竹海清新翠绿，置身于此，整个人都精神焕发，它给予我们足够的氧气。在竹海里常有村民或车载竹扫帚或肩挑火茺（皖南人家冬天暖手焐脚的一种工具）、斗笠到山外去卖。所以说它是一种文化，村民靠手工制作一些产品，或是竹筒，或是竹雕，甚是精细。

在徽州，说起米，谁都知道“灵山贡米”。据说只有灵山山坞中的百余亩梯田产出的米才是真正的贡米，因为这里地理位置高，灌溉水质好，日照比山下要短两至三小时，生长周期要长一至两个月，属高山冷水田，所以米质柔软，颜色透明，散发清香。明万历年间，大学士许国上奏皇帝说灵山米好吃，味道比无锡的米还要好，皇帝听后，遂让进贡灵山米到皇宫，神宗皇帝品尝后龙颜大悦，于是让灵山人每年进贡，灵山米自此成为贡米。

“呈坎府，蜀源县，灵山是个金銮殿。”由此可见灵山从前的辉煌。在载体与躯壳的湮灭后，灵魂与精神化作一抹余香，缠绵亘古，永不逝去。而这里质朴的一切，应当成为人们精神家园中的盆景，在无声中滋养和温润我们的感情。

【编后语】

逝去与留存，是历史与自然所做的最智慧的斟酌，时光的流逝，更能让人们看清这里的真正价值。如今虽千疮百孔，却更经得住历史的厚重。大浪淘沙，虽逝去了一些，却更余留了从容厚重的风味。

灵山，这一方净土。

Tips：

一、地点：黄山市徽州区呈坎镇灵山村

二、门票：免费

三、交通：屯溪汽车站—岩寺镇—呈坎镇—灵山村

四、主要看点：灵山古村落，明代梯田，油茶花海，黄蜀葵，竹海等

桃花源里人家——蜀源篇

这蓝天，只一眼，便知今后会怀念。

蜀源的天空，是深刻的孔雀蓝，明亮硬朗，干净利索，有海水的质地。

蜀源葵花

这江南水乡风韵的徽州古村落，隐隐透着一股神秘的力量，这力量吸引人，这力量让人魂牵梦萦。它风光优美，为具有代表性的江南水乡风韵的徽州古村落，灵金河（又名金带溪）呈“S”形穿村而过，形同装满宝物之袋，观音、罗汉二山紧紧夹峙，正合“水口宜山川融结，峙流不绝”之水口堪舆相解。蜿蜒山溪，青石曲径，田野静卧，粉墙黛瓦，故素有“小桃花源”之美誉，清书法家邓石如书写的隶书“优昙谷”和篆体“小桃花源”石匾今存完好。始建于明代的排水水系贯穿全村，至今仍然发挥着作用，明代古梯田蜿蜒于灵金山之巅，明清古栈道穿梭于前山岭。

它文化厚重，被人们称为“东南邹鲁”的古徽州为商儒之乡，曾孕育了颇具特色徽文化的古村落，蜀源村乃怀其中。徽州“三绝”古祠、古民居、古牌坊，蜀源俱领风骚。现有明清牌坊3座，古民居20余幢，古祠堂1幢，其中最具代表性的是“德本堂”和“思恕堂”。德本堂为明清时期镖师所建，其厅堂雕饰华丽精美，建筑布局别具一格。思恕堂为鲍姓盐富商所建，其门楼砖雕“扬州瘦西湖全景图”，布局自然、线条细腻，山水花鸟、楼阁亭桥、舟车人物，栩栩如生，惟妙惟肖，为绝佳精品，国内罕见。此外，文物胜迹还有赞宪坊、贞寿之门、节孝坊、都天庙、元代烈女碑等。它们是徽州文化的见证，是历史遗留给我们的宝贵财富。它们就像我们的母亲一般，默默经受，不抱怨，不忍我们有一丝的失望之感，它们想给我们的只是一颗最简单不过的心罢了。

骑行乡间

它物产丰富，平畈区平均海拔180米，无霜期226天，年均温度19℃，四季分明，气候宜人，盛产贡米、甘蔗、西瓜、贡菊、黄山毛峰、笋干等黄山特色农产品，麻酥糖、毛豆腐、蜀源糕饼、蜀源年糕等徽州特色小吃，享誉海外，名扬天下。

走进蜀源才发现这里真的群山环绕，风光旖旎，名由地形而来，像极了四川盆地，全村近1000人口。村民多为鲍氏堂樾的后代，鲍姓占80%以上，是一个家族村落。

蜀源的春天有的是深深浅浅、层层叠叠、错落有致的桃花，它们汇成一片绚烂的海洋，彰显着大红、粉红、明亮的骨朵。清晨，明媚的阳光透过树隙欢快地在眼皮上跳跃，闪烁着星点的光芒，眯缝视线里的桃花调皮地眨着眼，像一个快乐淘气的天使，活泼灵动。正午，变得炙热硬朗，混杂的香氛和着泥土清新的水汽在热浪下蒸腾，青草里的小虫拼命嘶叫，透出热烈强大的生命气息。

蜀源葵花开

蜀源的春天有的是楚楚动人、落落大方、鲜艳秀丽的油菜花。适值花季，花团簇拥在一起，争相怒放，犹如一条明亮鹅黄的绒毯铺泻在村落周围。走进亮黄的花海，一股沁人心脾的花香迎面袭来，这香味浓浓淡淡，忽远忽近，清新甘甜，令人沉醉，不愿离去。柔和的阳光倾泻在鹅黄柔嫩的花瓣上，似点亮了色彩，变得格外亮丽。疾风一过，零星的花瓣在空中翩翩起舞，徜徉在芬芳的空气里，徐徐落下。着一素棉布花裙，折一小簇花团别在耳际，深刻纯净的孔雀蓝打底，背景是古朴苍劲的村落，鹅黄怒放的花海，回眸一笑之际，一副倾世之作定格在瞬间，这笑容即使是再平淡的容颜，也觉美得不可方物。

蜀源的春天有的是温柔可人、生命如火、笑脸迎人的向日葵。走进她的世界，你看到的不仅仅是一颗颗金灿灿的圆盘，更多的是一种乐观豁达的态度，拥着她的怀抱，你嗅到的不仅仅是鲜花的芬芳，更多的是阳光的味道。来到这里，袭一身长裙，映着向日葵金黄色的生命之虹，伸出双臂去迎接天空的微笑该有多好，或者将休闲之衣和身，拿起单反留下这万亩良景也是极好的。走在这里真的是百亩良田，我走，她也走，我笑，她也笑。

【编后语】

此景只应天上有，人间哪得几回闻。

旅途终结，不舍离开，从后车镜望向蜀源。

看着那如画的天空，是深刻的孔雀蓝。

这蓝天，只一眼，便知今后会怀念。

Tips：

一、地点：黄山市徽州区潜口镇蜀源村

二、门票：免费

三、交通：屯溪汽车站—岩寺镇—潜口镇—蜀源村

四、主要看点：向日葵，古村，牌坊，体验蜀源农舍等

这一处圣地——茶花园

如果说大地的风景也能感化一个人的心灵，那么我是得到了的一个。——三毛

在没踏上徽州这片土地之前，或许你应该在心中先做一些期待。徽州，古老而神秘的土地，像是一个穿着蓝色印花夹袄、头戴朴素木簪的年轻女子，临江而立，等待阔别许久的心爱男子归来，默默注视，却无尽头。

他们说，来徽州的多半是寻梦之人，喜欢徽州已久，却不曾一次靠近，一旦靠近那便好像是前世的故乡。

徽州茶花园

心中有一种柔软的疼，是心疼自己，又或是心疼徽州。

徽州有的不仅是白墙灰瓦的古老住宅、古城戏曲的历史感，同时她还别具风情。春天的徽州大自然的气息显露无遗，满山葱绿的树木与脚下鲜红的花朵交相辉映，衬得老屋格外的寂寥。茶花园就是春天徽州分外美丽的一景，她给徽州带来的是一份寒冬过后的期待。

三四月的徽州百花竞相开放、争奇斗艳，茶花居首，美不胜收。走进茶花园，满山盛开的茶花五彩斑斓，灿若繁星，微风徐来，清香入鼻，令人心旷神怡。踩着轻快的脚步漫步在茶花园中，仿佛置身于花的世界中。眼前这棵开满了花朵的茶花树虽然个头不高，却绽放出火一样的热情，它的名字叫“迪斯”，是从欧洲引进的精品；再远一点这棵茶花树叫“花乳婴”，开的花红里带着白，白里透着红，像极了娇羞美人的脸庞。转身看后面，还有“夏威夷”“超级赛牡丹”“琼克莱尔”“帕克思先生”“伊丽莎白二世”“美国檀红”，以及“十八学士”“云南十八春”“茶花仙子”“中国红”等，这些都是蜚声国内外的名贵茶花品种，不仅名字雅致，开出的花也神韵别致：有的含苞待放，娇娇羞羞，叫人充满期待；有的花朵硕大，楚楚动人，招人爱怜；有的洁白如雪，晶莹剔透，给人无限遐想；有的红如玫瑰，明艳照人，令人叹为观止。在这茶花园中让我最留恋的还要数“十八学士”。十八学士茶花是茶花中的一个珍品，深受人们喜爱。它树型优美，花朵结构奇特，由 70～130 多片花瓣组成六角塔形花冠，层次分明，排列有序，十分美观珍贵。金庸小说中对它做了详细描述：“有一种名种茶花，叫作‘十八学士’，那是天下的极品，一株上共开十八朵花，朵朵颜色不同，红的就是全红，紫的便是全紫，绝无半分混杂。而且十八朵花形状朵朵不同，各有各的妙处，开时齐开，谢时齐谢。”虽不尽全然，却说明了“十八学士”这种茶花的独特之处。如果是你，你最爱的茶花是什么呢？

这美丽的茶花海是如何诞生的？几年前，3 位创始者承包了国营林场的 3000 亩低产油茶林，创办以观赏茶花为主的农家乐庄园，经过他们不懈努力，黄山茶花园目前已经成功嫁接国内外茶花品种 900 多个，占全世界已知茶花品种的三分之二以上，成功嫁接茶花面积达 500 亩，分胜珠娅茶花片、紫兰

媲美

湾茶花片、海月迷窟茶花片、情人坡茶花片、玛淑谷茶花片五大观赏片。你是不是也为这美丽的茶花园建成而高兴呢？春季的茶花园满园春色，花香四溢。

徽州茶花园生态极佳，园内你不仅可以赏茶花，还可以垂钓、爬山、自采山野菜、品农家饭、帐篷野营、棋牌娱乐等。

茶花园现已建成农家乐餐厅 10 间，面积达 2180 平方米，每年接待游客约 11.2 万人次。在茶花园内，游客可品尝到具有徽派传统饮食特色的农家菜，享受天然无污染的绿色食品。

【编后语】

来徽州，请您一定轻装简行。这座小城不需要你带太沉重的包袱，只需要带上一种心情，回归，感受朴实。让小城的慢节奏拂去你心上久居的浮华。来茶花园，茶花田园风光如一首诗，诗里处处写满了舒适休闲，让人心旷神怡。

Tips：

一、地点：黄山市徽州区岩寺镇茶花园

二、门票：免费

三、交通：屯溪汽车站—岩寺镇—茶花园

【不可错过的一角】

舌尖上的徽州

一、徽州八碗八

八碗八

所谓八碗八，是指古徽州人们宴请宾客的一种菜谱规格，它代表了完整的徽州乡土菜色。最早的八碗八来自成功的徽商回归故里宴请宾客，后来推广到民间的婚丧嫁娶，孩儿满月长辈做寿等重要事件。徽州八碗八世代相传，历久弥新，拥有丰富的人文内涵。在食材上，八碗八主菜分别为红烧肉、鸡、鱼、肉圆、猪蹄、竹笋、鲜雾（米粉糊）、蜜枣甜羹。徽州地区的代表性菜肴有臭鲑鱼、徽州圆子、炖鸡汤、炒青菜、甜枣汤、笋干小炒、红烧肉、米粉雾等。

二、徽州毛豆腐

徽州毛豆腐是徽州地区汉族传统名菜，因表面长有一层寸把长的白色绒毛、白色菌丝而得名。这种毛是经发酵霉制而成，故又称霉豆腐。豆腐在发酵过程中，蛋白质被分解成多种氨基酸，因而味道较一般豆腐鲜美。最有情趣的吃法是在街头遇到走街串巷的货郎，一头挑干柴一头挑毛豆腐，浇上香油，淋上辣椒糊，就着油锅边吃边聊，既鲜美可口，又独具风味。久居外地的徽州人一说到毛豆腐，就会激起浓浓的思乡之情。

徽州毛豆腐

三、徽州石头粿

徽州石头粿，是徽州地区的传统面食，早在清代即负盛名，相传乾隆皇帝微服南巡扬州时，在客栈中遇一汪姓徽商正在就着茶水吃着此粿。一阵淡淡的油香传入乾隆鼻中，引发食欲。他便讨一个来吃，食后赞不绝口；回朝后还与户部尚书曹文埴提及此事，赞其为食中佳品。粿是当地人的俗称，因为

石头粿

制作中每个饼子上放置一块石头压着，放石头的目的是为了传热均匀，使馅心熟透，所以称为石头粿。制作是用猪五花肉丁和炒黄豆粉拌成馅心，用面皮包上，收口捏紧，推粿成圆饼，然后放在平锅中烙，使内部油脂渗出，一直烙至熟透即成。咬开后香气扑鼻，滋润味美，配汤食用更佳。

四、徽州桃脂烧肉

桃脂又名胶，生于桃树上，质地绵软，半透明，营养丰富。此菜从制法到口味，类似于北方的红烧肉，是人们日常生活中的佳肴美味之一，在徽州地区广泛流传，至今仍保持着传统的民间做法，深受广大民众的推崇。菜品肉色红润，酥而不腻，桃脂绵软，嚼有桃香。

五、小容香榧

香榧系红豆杉科榧属植物，是我国特有的珍稀干果。香榧树全身是宝，具有果用、油用、药用、绿化、观赏等多种用途。香榧富含蛋白质、脂肪、糖分和人体所必需的多种维生素，不仅营养极为丰富，而且具有较高的药用和保健价值。容溪村小容群山环绕、层峦叠翠，常年云雾弥漫，生态环境极佳；其气候温暖湿润，雨量充沛，光照时间短，昼夜温差大，成土母岩为千枚岩，土壤酸性，多为黄红壤。独特的自然环境和土壤气候条件使小容村栽培历史十分悠久，香榧资源十分丰富，百年以上的老香榧树随处可见，现分布面积超过5000亩，是黄山市著名的香榧之村。

六、小容高山腌辣椒

小容高山腌辣椒种植于小容及附近平均海拔在400米以上的高山旱地，当地村民有着多年腌辣椒的经验，腌制的辣椒鲜脆、口辣、无污染，深得人们喜爱。

七、徽州大红袍

荸荠（又名马蹄）：属果、菜兼用型水生作物，本地种植的品种为“徽州大红袍”，年种植面积在1万亩左右，总产量1.5万吨，收获期在11月至次年3月间，主产区在潜口镇。该品种属地方性品种，球茎大；外皮棕红色、肉质白、水分多；含糖量高，质嫩味甜；口感好，加工成品率高，是制作罐头和速冻食品的理想原料。

八、徽墨酥

徽墨酥，徽州地区汉族名点，黄山市旧称徽州，因“文房四宝”之一的“徽墨”特产而被称作“中国徽墨之乡”。同时，古徽州又是黄山毛峰等中国名茶的故乡。作为“徽墨之乡”“名茶之乡”的茶点，徽墨酥的外形酷似徽墨，6厘米长、4厘米宽、1厘米厚，造型是一般徽墨墨锭的标准尺寸，酥体从外到内乌黑油亮，芳香四溢。品尝时的口感享受难以言表：油酥柔韧，不待咀嚼先自融化生津，唇齿留香，清幽雅淡；甜而不腻，让人觉得甘甜适中，大有“添一分就腻味，减一分则乏味”之美感。

九、黄山毛峰

黄山毛峰是汉族传统名茶，中国十大名茶之一，属于绿茶，产于安徽省黄山（徽州）一带，所以又称徽茶。每年清明谷雨，选摘良种茶树“黄山种”“黄山大叶种”等的初展肥壮嫩芽，手工炒制，该茶外形微卷，状似雀舌，绿中泛黄，银毫显露，且带有金黄色鱼叶（俗称黄金片）。入杯冲泡雾气结顶，汤色清碧微黄，叶底黄绿有活力，滋味醇甘，香气如兰，韵味深长。由于新制茶叶白毫披身，芽尖锋芒，且鲜叶采自黄山高峰，遂将该茶取名为“黄山毛峰”。

十、徽州山核桃

徽州山核桃：著名野生干果，属胡桃科落叶乔木，主要生产于歙县三阳一带。山核桃口味独特，核仁松脆，味甘可口，香气逼人，营养丰富，并颇具药用价值。

灵山夏瓜乐开怀

十一、灵山西瓜

灵山村因地理位置的特性，西瓜种植一直是该村传统产业之一，加上土质及小气候影响，灵山西瓜有上市晚、品质佳、瓜味甜等特点；2006 年又引进种植了优质高产的夏延西瓜良种，颇受顾客青睐。目前，农户发展夏延西瓜种植面积达到 2000 亩。到了夏季还可以带上孩子、父母、朋友等来灵山体验西瓜采摘。种植西瓜也成为当地群众夏季主要收入之一。

十二、徽州石鸡

徽州山谷洞穴中，有着一种与毒蛇共栖的“胸蛙”，俗名“石鸡”，是徽菜中特色的制作材料。石鸡无论是红烧，还是清蒸，扑鼻的香味，丰满的后腿，比鸡肉有过之而无不及。徽州的风味名菜“清蒸石鸡”，清汤见底，盖碗清蒸味不失。多吃石鸡，夏天可以不长痱子和疮。石鸡是大补食品，每一个来黄山观光的游客，都为能吃到这种美味佳肴而高兴不已。

十三、火炉饼

火炉饼是徽州风味小吃名品之一，是一种用干菜和猪肉丁作馅的小烧饼，经火炉烤熟后，形如螃蟹背壳，色如蟹黄，故得此名。刚出炉的火炉饼香味浓烈，咬一块既酥又脆，层层剥落，满口留香，其味隽永。

古徽州建筑

徽州民居建筑，无论是古民居还是近代的仿古式民居，都有一种强烈的、优美的韵律感。长长的青石板上，耸立着一座座高墙深宅。一座座古民居，四周都用白色的高墙围起，这叫作“封火墙”，远远望去就像是古城堡，高大威严，充满神话色彩。

这种高墙深宅的建筑格局是厅套厅，天井套天井，刚到的人可能会走迷糊的。一般进门为前庭，中设天井，后设厅堂。厅堂后用中门隔开，设一堂两卧室，堂室后又是一道封火墙，靠墙设天井，两旁建厢房，这是第一进；第二进的结构为一脊分两堂，前后两天井，中有隔扇，有卧室四间，堂室两个；第三进、第四进或往后的更多进，结构都是如此。徽州最大的民居往往是“三十六个天井，七十二个门槛窗，一百多个门庭”。

马头墙

徽州天井

进入徽州民居，你会发现，这些民居内部繁杂、精致与外部的简洁、古朴形成鲜明的对照，徽派建筑中著名的三雕——木雕、砖雕、石雕在这里体现得透彻。在徽州民居中，木、石、砖三雕最为出名，人称“徽州三绝”，这“三绝”几乎在每家每户都可能看到。那些门坊、门罩、漏窗上的雕刻，一户之内少有雷同，窗槛、裙板、窗扇、斜撑等处，雕刻更为精美。

徽州古民居的一个最显著的特点，就是它分布广泛。在徽州地界里的千数以上的大村小庄里，几乎每个村庄都有古民居。据专家说，明代民居数以千计，而清代民居则数以万计。徽州民居的数量之多，建筑风格之美，任何一个地区都无法相比。它将民居建筑推到了极致，在中国有史以来的民居建筑中，徽州民居是一绝。

走进徽州，就走进了一座巨大的园林。这里的每一个村落都依山傍水，十里苍翠入眼，四周山色连天。但这村落里却大都极少有树，即便有，也是一些供观赏的灌木或花草，古木大树往往在村外较远的路口或山脚，并不影响村中的视线。从远处看，一堵堵翘角的白墙被灰色的小瓦勾勒出一幢幢民居的轮廓，像一幅幅酣畅淋漓的水墨画，又像一幅幅高调处理的艺术照片。人在山中走，如在画中行，随时随地都能领略迷人的画意，随时随地都能感到醉人的诗情。

难怪在20世纪30年代，风流才子郁达夫被徽州的风光感染，写了一首《屯溪夜泊》的诗。诗中写道："新安江水碧悠悠，两岸人家散若舟。几夜屯溪桥下梦，断肠春色似扬州。"徽州民居的外貌是恬淡而清秀的，静雅而娴熟的，有着独特的审美趣味。

徽州民居在徽州文化中占有相当重要的地位，一提起徽州文化，人们就很自然地联想到高高的马头墙，青色的蝴蝶瓦。

略知中国历史的人都知道，明清时代在中国有两个省都出现了大商人，一个是山西，一个是安徽。也就是人们常说的晋商、徽商。（山西乔家大院、王家大院，就是山西人在外经商，赚大钱后回老家盖的深宅大院。徽州民居也是这样。徽州商人挣大钱之后回乡盖房。）

圣洁的徽州

徽州民居是徽州文化极具个性特征的现象，徽州的老房子是在特定的自然和文化环境中形成的。“胸中小五岳，足底大九州”的徽州人，他们四方经商，有的成巨富荣归故里，将域外更高层次的文化引入境内，大兴土木，讲究排场，构筑起一幢幢精巧别致的民居建筑，以明事业有成。故此，早在明末时期，“遥望高墙白屋”就成为徽州村落的独特景观，高墙百屋青色瓦，甚是特别。

初到徽州的人看民居，满眼都是高大的马头墙灰黑的鱼鳞瓦，以及露了本色的木窗门板等这些居住地方的景物。其实，徽州民居远不是单纯住人的房子，它是包括祠堂、家庙等建筑在内的整体概念，没有了祠堂也就没有了民居。徽州从外地迁来的富家大户极多，为了巩固他们自己的地位，维护自己的利益，他们聚族而居，形成了极强的宗法观念和极严密的宗族组织。“社则有屋，宗则有祠”，宗祠是他们住宅不可或缺的配套工程，通过它来凝聚宗族里的人心。

唐模法国家庭旅馆

中法合作唐模乡村旅游持续发展项目，是借鉴和引进法国先进的古民居开发与保护理念，乡村酒店的新概念，水环境治理及生活垃圾处理技术，以开发黄山市国际化乡村旅游产品为宗旨，搭建双方在遗产保护、产品开发及营销等方面的合作平台，着力把富有徽文化特色的唐模乡村旅游打造成“中国特色小镇”品牌。

中法合作唐模国际乡村度假酒店是黄山市政府、安徽省旅游集团、法国佛朗什孔泰大区共同合作的项目，是黄山市旅游6大综合提升工程之一。开放的乡村旅馆由5座古民居改建而成，可接待百余名游客。乡村旅馆进门处贴着对联、门画，窗户、顶棚、箱柜贴以徽州剪纸，屋内陈列旧时油纸伞、草鞋、斗笠等，处处流露着内敛沉稳、凝练唯美的徽州古意。客房内部设施则简洁实用，不仅有良好的自然采光和通风设备，还配有空调、电视，提供毛巾、牙刷等日常用品，24小时供应淋浴热水，最大限度地满足了国内高端游客和国外旅客度假、休闲、餐饮、体验、娱乐、生活、起居等需求，展现“中国特色小镇”邻里和谐的人文文化和田园风光。

法国家庭旅馆联合会主席法赫雅斯说，这座乡村完全符合法国家庭旅馆的技术标准。古民居虽然“功能转化”，但外部环境的营造和内部设施的装饰设计与当地民俗文化紧密结合，突出乡风“土”韵，给人一种干净、简约、朴实、舒适的感觉。

游外之游，景外之景

山里人家——伊坑

伊坑是西溪南镇最偏远的村庄，地处大山深处。优良的自然生态环境，造就了当地良好的农产品，如高山优质茶、生态茶油、野竹笋等，还有纯净的山泉水。

麻将巷

西溪南麻将巷位于中街姚氏古宅东侧，全部由青石板铺砌而成，大小正好136块。因与麻将牌数相同，故被称作麻将巷。据村中老人讲述，此街曾住有一户财主，只有一个儿子，从小娇生惯养，终日不务正业，父母过世以后，因为迷恋上麻将而在麻将桌上输掉了全部家产，沦落到街头行乞。待到悔过已晚，为了将自己的教训警示后人，他就一边行乞一边积攒钱，把毕生行乞积攒下来的钱拿回家乡修筑了此条小巷，用136块青石板警示自己和后人——钱财好来去，时光成蹉跎。

金竺山下——幸福竦塘

竦塘村位于黄山市徽州区西溪南镇西部，因水口之“竦塘”而得名，与休宁县万安镇接壤。

红色记忆——琶塘

1938 年 2 月至 4 月，由湘、鄂、闽、赣、浙、粤、豫、皖 8 省 14 个地区的红军游击健儿组成的新四军汇集成抗日洪流，云集皖南歙县岩寺，下辖第一、第二、第三、第四 4 个支队和军部特务营。据记载，4 月 18 日，由赣粤边、闽西、闽赣边游击队组编的二支队胜利到达后，进驻西溪南镇琶塘、琶村。二支队的司令员张鼎丞、副司令员粟裕、参谋长罗忠毅、政治部主任王集成等都住在琶塘。二支队在琶塘期间，叶挺军长还亲自来到琶塘，在村前关帝庙山坡草坦上向聚集的千余军民发表了热情洋溢的演讲，阐述了国共合作、共同抗日的意义，会场上不时响起雷鸣般的掌声。由于形势发展的需要，二支队当年秋季奉命离开琶塘，北上抗日。

至今，在琶塘还能看到当年新四军用红土刷在墙上的抗日救国大幅标语，如“驱逐日寇出中国”“收复失地”“肃清汉奸”“赶快组织起来保卫家乡”“改善人民生活解除人民痛苦”等等，成为那段峥嵘岁月的历史见证。

【再度出发】

【请将此刻的徽州寄给 TA】

亲爱的你：

昔我来时，秋风瑟瑟；今我思之，夏日浓荫。

几个月的时间，不是很长，竖起手指，一根根的数过去，也就那样悄然逝去。几个月的时间也不会很短，你无法预计，这方土地经历了怎样的蜕变。

春天，鸟语花香，碧草如丝。夏天，蝉鸣蛙叫，绿树成荫。秋天也别有

醉春

一番风味，风吹稻浪，金桂飘香。冬天就更加曼妙了，一场雪，满世界的白，银装素裹，分外妖娆。

正如，一首小诗里写的那样，“二月下起小雨，三月里遍地蔷薇，四月青草芬芳，处处盛开，再到人生有梦，到麦浪翻滚连同草地的季节，最后经历收获，到隆冬大雪弥漫。日复一日，转眼便是一年”。

我不知道你走在这方土地上，是否和我有一样的心情。你可曾有幸见到鸳鸯湖的鸳鸯？伊坑的茶花你可曾观赏？丰乐湖的小鱼儿可曾游过你的手心？风吹竹梢动，那些摇曳的倩影可曾在你的心里留下影像？

你是一个人来的吗？就像我一样，喜欢一个人背上背包，在陌生的地方随遇而安。在绿道口租一辆自行车，沿着绿道，走过一个个的景点，夜宿农家驿站。然后一个人安静地去潜口看古民居，去茶花园看茶花，去呈坎看建筑群，去灵山水街，而把唐模放在脚步的最后。

夜宿农家驿站，大山环绕，清幽寂静。你会喜欢上这里的房子，粉墙黛瓦，典雅端庄。独自一人到楼顶，或者在阳台上，远眺灯火。那灯光，暖暖

稻子黄了

的橘黄色，让你的心瞬间柔和。经历了大城市的喧闹和烟尘，这样宁静而清新的天空，对你来说，更加珍贵。漫天的繁星，勾起你童年的回忆。小时候，大人们手摇蒲扇，繁星下给你讲过的那些美好的故事。

心情平静，静静思念，不悲不喜。沉醉在徽州的故事里，你钦佩那个孝顺的徽商，你喜欢董永和七仙女的爱情。在古槐树下静坐，有些许小女儿家的情怀，就在这个时候，思念你远方的爱人。和 TA 一起相约槐树下，不见不散！

醉舞徽州

你如果喜欢结伴出游，携三五个至交好友一路说笑，一路欣赏，一起探索神秘的徽州。请告诉你的朋友，你所经历的各种美好。一朵不知名的小花，一个好客乡民的亲切眼神，一场美丽的邂逅，让你心动不已的每个瞬间。这方土地，让你感觉莫名的温情。

爱徽州，不仅是因为她的美景，更是因为，内心深处的执念。我固执地认为，徽州是一个最让人幸福，最接近温暖的地方。无论是神话里的董永和七仙女，还是凡尘俗世里的男男女女，都用自己的方式幸福生活着。“总有人在爱情停留的地方等你”——这是一个在徽州游玩后的客人说的。

是的，总有一个人，在爱情停留的地方等你。有时候会觉得，徽州是一个孕育爱情的圣地，尤其适合私奔。高山环绕，与世隔绝，颇有一种世外桃源的感觉。丢下沉重的背包、烦琐的工作、扰人清静的电话和自己累觉不爱的心，进行一场私奔是不是很不错呢？

亲爱的人，徽州始终在等你！